中国自驾游发展报告

（2017—2018）

China's Self-driving Tourism Development: Analysis and Forecast(2017—2018)

中国旅游车船协会　编著

刘汉奇　付　磊　主编

中国旅游出版社

《中国自驾游发展报告（2017—2018）》
编委会

本书由中国旅游车船协会编著

青岛大学文化旅游高等研究院、郴州市旅游外事侨务局、北京同和时代旅游规划设计院、途牛旅游网共同研究支持出版

前 言

2018年，是中国改革开放40周年，也是中国旅游车船协会成立30年。从2013年到今年，中国旅游车船协会研究、发布全国自驾游、旅居车和露营旅游报告，已经到了第六个年头。作为一个致力于旅游交通领域的行业组织，中国旅游车船协会不断探索专业化、特色化的路子，业已设立自驾游与露营房车和旅游租赁两个分会。

中国旅游车船协会率先推动中国自驾游、旅居车和露营旅游发展，从2008年举办首届全国露营旅游论坛开始，至今的十年间，先后与中国社会科学院旅游研究中心、北京同和时代旅游规划设计院、苏州国家全域旅游人才培训基地等单位合作，开展研究、培训，探索新命题，迎接新挑战，形成了密切的协作机制，成为产、学、研结合的示范。

《中国自驾车、旅居车与露营旅游发展报告（2017—2018）》呈现在大家面前，青岛大学文化旅游高等研究院、郴州市旅游外事侨务局、途牛旅游网作为新的参编单位加入进来。与往年的成果相比，本年度报告呈现出新特点。

一是紧跟形势变化。2017年和2018年，国际形势和宏观经济复杂多变，作为消费形态和新兴业态，自驾游、旅居车和露营旅游，刚刚兴起就面临不确定挑战，也带来了诸多的困惑和误判。因此，本年度报告加强了对发展背景的分析，从纷纭的噪声中解析出对产业发展影响深远的关键因素，由此形成对现状的认识和未来的判断。

二是关注新事物。新时代、新理念，新部门、新技术，2017年和2018年，无论是世界还是中国，无论是部门还是行业，“新”成为使用最频繁的一个字。自驾游、旅居车和露营，刚刚成为新业态、新产品和新生活，就马上面临着不可逆转的革新和嬗变。本年度报告着重对新事物的分析，从中梳理出趋势性、导向性的主线，指导对产业发展的认识，尤其是对前景的预测。

三是深化拓展调研。经过三年左右的沸腾，自驾游和露营进入到新常态。不再是大干快上，也不是冲高回落，而是一个注重效益、追求品质的阶段。在往年的自驾游数据采集网络的基础上，本年度报告增加了对从业人员和企业的调查，从中获得一线对政策、管理、市场的真实感受，找出存在的问题和痛点，为产业政策和管理提供靶心。

四是客观预判未来。结合发展的背景、动向和未来研判，对今后做出了三个凸显、三个爆发、三个机遇的预判，其中文化性、自驾化、扶贫性，是在面上的判断；落地自驾、房车运营、近郊营地、公共营地，则是对线和点得出的结论；开放，不可逆转，由此带来跨境自驾和国际化的新机遇。

到目前阶段，自驾游、旅居车和露营旅游依然呈现需求驱动下新型行业发展的典型特征，政策推动、制度红利的作用并没有真正显现出来，而且还存在一些关键的瓶颈。限制性的因素没有完全破除，而需求释放和市场动力远未达到减弱的程度。这在旅游业乃至整个服务业来看，都是少见的。这是我们对未来保持乐观的根本。

以科研立本，以标准立足，以会员立身，以服务立命，是我们多年来坚持的理念和努力的方法。希望今年的报告，继续为大家带来启发和感悟！

刘汉奇

中国旅游车船协会自驾游与露营房车分会 秘书长

2018 年 12 月

目录
CONTENTS

第四部分　行业篇

第五部分　附录

第一部分
总报告

中国自驾车、旅居车与露营旅游发展报告（2017—2018）

中国旅游车船协会、青岛大学文化旅游高等研究院、郴州市旅游外事侨务局、北京同和时代旅游规划设计院、途牛旅游网

一、背景

2017年，党的十九大确立了习近平新时代中国特色社会主义思想，制定了决胜全面建成小康社会、夺取新时代中国特色社会主义伟大胜利的宏伟蓝图和行动纲领，具有重大现实意义和深远历史意义。2017年，经济发展呈现出增长与质量、结构、效益相得益彰的良好局面，国内生产总值增长6.9%，居民收入增长7.3%，增速均比上年有所加快，城镇新增就业1351万人，失业率为多年来最低。2017年，出现了诸多新事物、新理念、新趋势，不仅直接关联到2018年经济社会发展的方方面面，也长远影响着包括自驾车、旅居车与露营在内的休闲旅游业。

（一）新时代

2017年10月18日，习近平在中国共产党第十九次全国代表大会上，做了题为《决胜全面建成小康社会夺取新时代中国特色社会主义伟大胜利》的报告，指出“中国特色社会主义进入了新时代”。在新时代，我国社会主要矛盾已经转化为人民日益增长的美好生活需要和不平衡不充分的发展之间的矛盾。主要矛盾的转化加深

了对推进生态文明建设的迫切需要。在新时代，生态文明建设提升到前所未有的高度。建设生态文明，关系人民福祉，关乎民族未来。“建设生态文明是中华民族永续发展的千年大计”“必须树立和践行绿水青山就是金山银山的理念，坚持节约资源和保护环境的基本国策”。

（二）新旅游

旅游是发展经济、增加就业和满足人民日益增长的美好生活需要的有效手段，旅游业是提高人民生活水平的重要产业。旅游发展与生态文明建设本质上是一致的，是生态文明建设中最有条件、最有优势的产业。2018 年 3 月 9 日，国务院办公厅发布《关于促进全域旅游发展的指导意见》（国办发〔2018〕15 号）（以下简称《意见》），要求大力推进“旅游 +”，促进产业融合、产城融合，全面增强旅游发展新功能，使发展成果惠及各方，构建全域旅游共建共享新格局。《意见》明确提出：推动旅游与交通、环保、国土、海洋、气象融合发展。加快建设自驾车房车旅游营地，推广精品自驾游线路，打造旅游风景道和铁路遗产、大型交通工程等特色交通旅游产品，积极发展邮轮游艇旅游、低空旅游。

（三）新部门

为增强和彰显文化自信，统筹文化事业、文化产业发展和旅游资源开发，提高国家文化软实力和中华文化影响力，推动文化事业、文化产业和旅游业融合发展，2018 年第十三届全国人大一次会议通过了关于国务院机构改革方案的决定，批准设立中华人民共和国文化和旅游部；4 月 8 日，文化和旅游部正式挂牌。文化和旅游部的主要职责是，贯彻落实党的文化工作方针政策，研究拟定文化和旅游工作政策措施，统筹规划文化事业、文化产业、旅游业发展，深入实施文化惠民工程，组织实施文化资源普查、挖掘和保护工作，维护各类文化市场包括旅游市场秩序，加强对外文化交流，推动中华文化走出去等。文化和旅游部的组建，意味着文化与旅游的融合将更加广泛和深入，旅游的文化属性和功能将更加突出。

（四）脱贫攻坚

打好脱贫攻坚战是党的十九大提出的三大攻坚战之一，对如期全面建成小康社会、实现第一个百年奋斗目标具有十分重要的意义。旅游在中国扶贫开发中的显著作用和优势日益突出，已成为中国扶贫攻坚的崭新生力军。“十三五”期间中国旅游扶贫目标是每年实施200万贫困人口通过旅游业发展实现脱贫，到2020年，通过乡村旅游带动1000万贫困人口脱贫。2018年1月，原国家旅游局、国务院扶贫办印发《关于支持深度贫困地区旅游扶贫行动方案》，明确到2020年“三区三州”等深度贫困地区旅游基础设施和公共服务设施明显改善，旅游综合效益持续增长，旅游扶贫成果不断巩固，乡村旅游在带动和促进“三区三州”等深度贫困地区如期脱贫中发挥有效作用。

（五）新技术

2017年7月，国务院印发《新一代人工智能发展规划》，这是中国第一部在人工智能领域进行系统部署的规划，其中提到，新一代人工智能发展分三步走的战略目标，到2030年使中国人工智能理论、技术与应用总体达到世界领先水平，成为世界主要人工智能创新中心。这是中国首个面向2030年的人工智能发展规划。随着人工智能上升到国家战略，顶层设计框架搭建完成，产业发展有望持续提速，带来投资新机遇。人工智能作为新一轮产业变革的核心驱动力，创造新的强大引擎，重构生产、分配、交换、消费等经济活动各环节。新技术、新工艺、新材料，对旅游消费和供给的影响是全方位的。很多目前是问题的问题，在新技术背景下，将不再是问题。

（六）新汽车

2017年，全国机动车保有量达3.1亿辆。汽车销量达2887.9万辆，已连续九年成为世界最大的汽车销售市场，也是世界最大的新能源汽车市场。截至2017年年底，我国已建成公共充电桩21万个，保有量居全球首位。城际高速快充站建设提速，建成充电站1400多个，服务3.1万公里的高速公路。发展新能源汽车在全球主流车企中形成了共识。2020年，我国规划建设公共充电桩数量约50万个，新能源汽车产销量200万辆，保有量500万辆。无论是汽车销量、增速还是全球市场份额，中国均为世界第一。预计到2019年，我国汽车保有量将超越美国，成为世界汽车保有量最大的国家。中国的汽车保有量呈“井喷式”增加，但千人汽车保有量仅有150台左右，还未达到世界平均水平，仍有较大增长空间。

（七）小结

2017年，中国的经济社会发展理念和模式，进入到一个新时代。在新时代，对生态文明的重视，对美好生活的追求，对全面小康的决心，影响着各行各业。自驾游、旅居车和露营，符合建设生态文明、满足美好生活的要求，在扶贫攻坚方面具有独特作用。汽车在中国的普及时间很短，但是很快，同时也正在经历最关键的技术变革。交通技术、人工智能突飞猛进，高铁、航空与高速公路、新型汽车的革新是同步的，深刻地改变着人们的出行选择。2017年很多初见端倪的事物，在2018年就成为趋势，变成潮流。自驾游、旅居车和露营，刚刚成为新业态、新产品和新生活，就马上面临着不可逆转的革新和嬗变。

未来已来！

二、动向

2017年，面对新时代、新理念、新趋势，全国自驾游、旅居车和露营领域，既有数量、速度、结构等方面的发展延续，也呈现出新的特点和亮点。

（一）市场规模持续增长

2017年，全国自驾游规模继续呈现两位数增长，成为国民旅游的主体形态。旅居车消费增长迅速，露营地数量稳步增长，房车旅游、露营旅游人群的绝对数量依然很小，但呈现出巨大的增长潜力。

1. 旅游市场

2017 年，我国人均出游已达 3.7 次，旅游成为衡量现代生活水平的重要指标，成为人民幸福生活的刚需。根据中国旅游研究院《2017 年全年旅游市场及综合贡献数据报告》，2017 年，国内旅游市场高速增长，入出境市场平稳发展，供给侧结构性改革成效明显；国内旅游人数 50.01 亿人次，比上年同期增长 12.8%；入出境旅游总人数 2.7 亿人次，同比增长 3.7%；全年实现旅游总收入 5.40 万亿元，增长 15.1%；全年全国旅游业对 GDP 的综合贡献为 9.13 万亿元，占 GDP 总量的 11.04%。旅游直接就业 2825 万人，旅游直接和间接就业 7990 万人，占全国就业总人口的 10.28%。

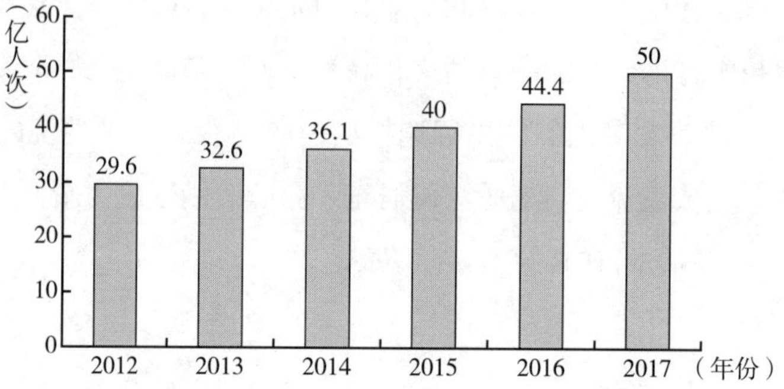

图 1-1　2012—2017 年全国国内旅游人数

2. 自驾游

2017 年中国自驾游人数平稳增长，总人数达 31 亿人次，比上年增长 17.4%，占国内出游总人数的 62%。从近五年的自驾车出游人数统计情况来看，自驾出游人数持续增长，出游人数占国内旅游人数比例稳定在半数以上，略有波动。从地域上来看，因经济发展水平、交通基础设施、旅游吸引物等不同，各省区市的自驾游人数占比也有差异，最低为 51%，最高为 69%。

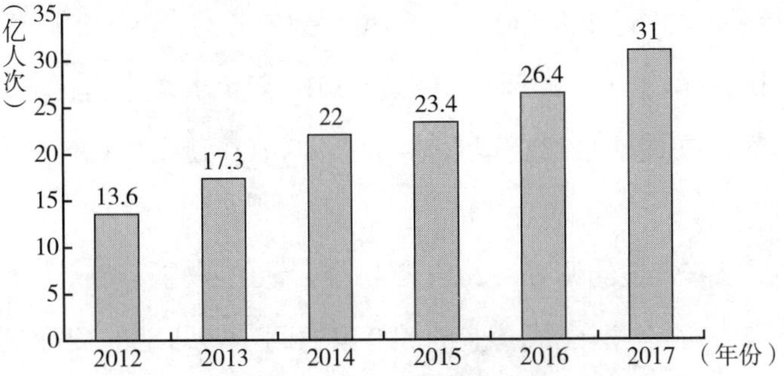

图 1-2　2012—2017 年全国自驾游总人数

3. 旅居车

据统计，2017 年全国旅居车销售量为 2.2 万台，年末全国旅居车保有量为 7 万台。2017 年，全国进口旅居车 1200 多台，出口 15000 多台。到 2017 年，全国旅居车改装企业超过 300 家。旅居车销售的增速很高，但基数较小。

由于旅居车保有量小，驾乘旅居车出游的人群数量还比较少，多是由旅行社或自驾游俱乐部组织开展。根据调查，驾驶或乘坐旅居车出游的主要客源地是经济基础好、居民收入较高的京津冀、长三角、珠三角、成渝等城市群，主要目的地是内蒙古、青海、四川、云南、新疆等中西部省区。

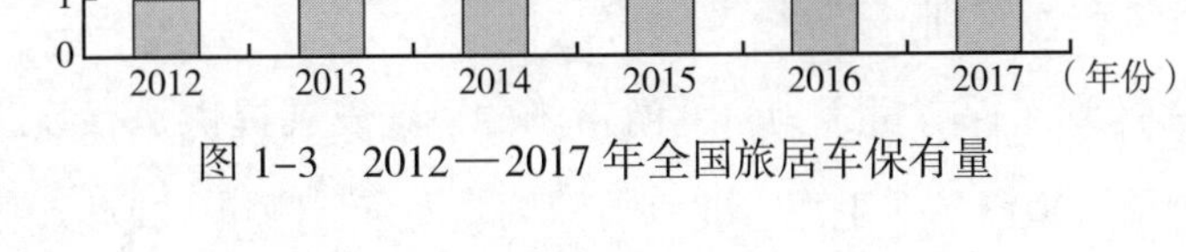

图 1-3　2012—2017 年全国旅居车保有量

4. 露营地

“十三五”时期是营地建设的集中期。按照《关于促进自驾车旅居车旅游发展的若干意见》（旅发〔2016〕148 号），“到 2020 年建成各类自驾车旅居车营地 2000 个”。

根据中国旅游车船协会的调查，截至 2017 年年末，全国建成营业的自驾车露营地约有 500 家，在建的自驾车露营地约有 400 家；建成和在建的露营地总数量为 900 家左右。

根据对 89 家露营地的调查，2017 年每个营地的平均接待量为 5.1 万人 / 年。由此推测，截至 2017 年全国建成营业的 500 家自驾车露营地的接待规模为 2500 万人左右。

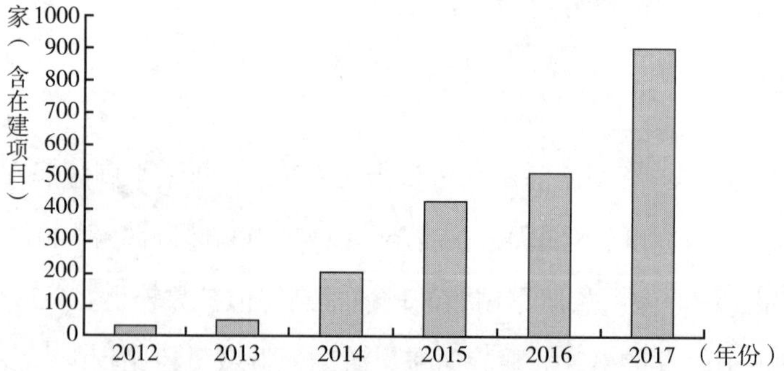

图 1-4　2012—2017 年全国自驾车露营地数量

（二）旅游自驾化特点凸显

1. 途牛旅游网数据监测

公安部数据显示，截至 2017 年年底，全国机动车保有量达 3.10 亿辆，其中汽车 2.17 亿辆。从分布情况看，全国有 53 个城市的汽车保有量超过百万辆，24 个城市超过 200 万辆，7 个城市超过 300 万辆，超 300 万辆的城市分别是北京、成都、重庆、上海、苏州、深圳、郑州。

越来越多的汽车保有量，为自驾游市场的飞速发展提供了有效助力。途牛旅游网监测数据显示，2017 年，上海、北京、深圳、南京、广州、杭州、苏州、沈阳、成都、重庆位居自驾游客源地前十强，其中，汽车保有量超过 300 万的城市悉数上榜。

自驾出游方便、舒适，尤其对于讲究私密出游体验或是陪同老人、带着孩子一起出游的客户来说，自驾更能满足他们的需求。不愿意长途驾车的用户还可乘高铁、飞机等到达目的地后，租辆车在当地游玩。途牛自驾游订单数据显示，选择 2 ～ 4 小时车程周边自驾的订单占比超六成，其次为出境自驾及国内长线自驾。

从用户群体构成来看，周边自驾出游人群以家庭为主，包括“2 大 1 小”“2 大 2 小”及“4 大 1 小”等家庭组合；而出境自驾及国内长线自驾则以朋友结伴出游以及跟队自驾更为常见。

在年龄构成上，30 ～ 49 岁群体为自驾游“中坚力量”，人数占比超六成，这一群体拥有一定的经济基础，并且对个性化旅游的需求度较高，自驾游能够很好地满足他们的出游需求。得益于家庭亲子出游的属性，在自驾游客群中，儿童占比增多明显，尤其是短途周边自驾成为“带孩子看世界”的轻松选择。此外，银发族自驾出游的参与度也日益提高，不少刚退休的银发族更是当起“老司机”，自驾出游享受恣意人生。

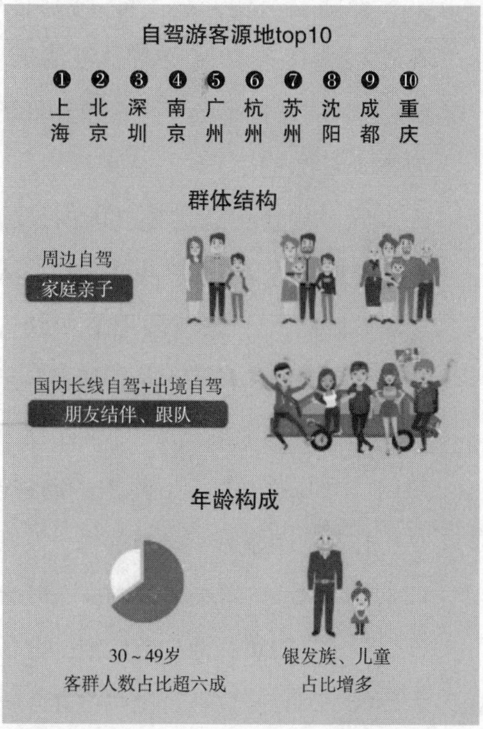

图 1–5　2017 年途牛旅游网自驾游用户监测结果

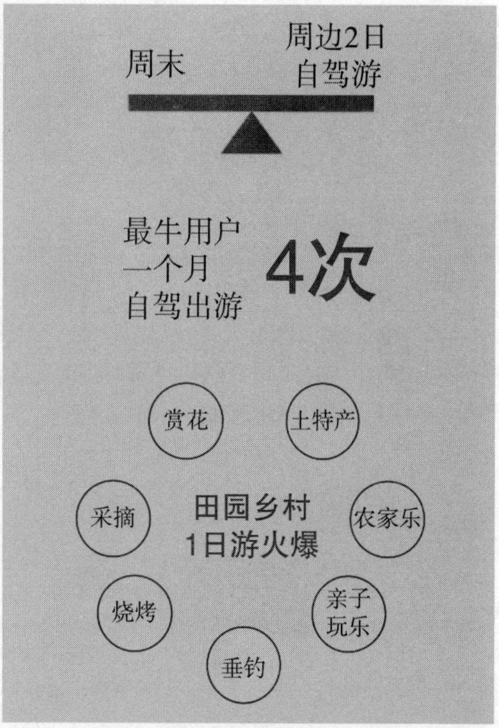

图 1–6　2017 年途牛旅游网自驾游偏好监测结果

途牛旅游网监测数据显示，短途周边自驾正呈现高频趋势，除了法定节假日期间用户群体激增外，周末 2 日或请假一天拼成 3 日自驾游正愈加常态化，甚至有用户在一个月内自驾出游高达 4 次，把每个周末都变为了惬意的周边度假。

从周边自驾热衷的主题来看，田园乡村成为 1 日游最热门选择，这些地方往往距离市区车程较近，且风景秀丽，体验项目多，诸如赏花、采摘、烧烤、垂钓、亲子玩乐等，在品尝当地特色农家菜之后，不少游客还会捎上一些土特产“满载而归”。

除此之外，城市周边的主题乐园、山岳、水世界、房车露营地等也是周边自驾热衷景点。途牛旅游网监测数据显示，华东方向，周边短途自驾游热门景点有天目湖、上海迪士尼度假区、千岛湖；华南方向，周边短途自驾游热门景点有广州长隆、珠海长隆、深圳东部华侨城等；华北方向，周边短途自驾游热门景点有古北水镇、五台山、泰山；西部方向，周边短途自驾游热门景点有峨眉山、稻城亚丁、都江堰等。

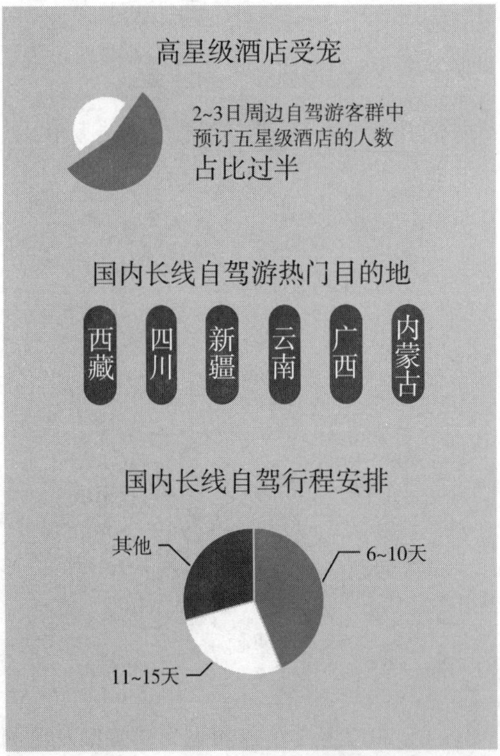

图 1–7　2017 年途牛旅游网自驾游特点监测结果

伴随着消费升级，自驾游用户在住宿选择上更偏爱高星级酒店，2 ~ 3 日周边自驾游客户选择五星级酒店的人数占比过半。

除了周边自驾之外，国内长线自驾游也日益受到游客更多关注。从途牛旅游网预订情况看，国内长线自驾以西藏、四川最为火热，新疆、云南、广西、内蒙古等目的地也较为热门。“西藏拉萨—川藏线—布达拉宫—林芝—羊卓雍错—新都桥—波密 12 日自驾游”“新疆乌鲁木齐—吐鲁番—天山—可可托海—喀纳斯—北疆大环线 12 日自驾游”“昆明—九乡—弥勒—普者黑自驾 6 日游”等均为热销产品。

从国内长线自驾游行程安排来看，用户大多选择 6 ～ 10 天行程，出游人数占比 44%；其次为 11 ～ 15 天行程，出游人数占比 27%。

2. 目的地和出游

2018 年，中国车船协会收集了 30 个城市在 2017 年的数据信息。信息显示，自驾游游客占国内旅游接待量的比重，最低的为 48%，最高的为 76%，平均比重为 68%；自驾游人均花费 1025 元，比总体人均花费高 20%；自驾游人均停留时间 1.89 天，比总体人均停留时间长 13%。可见，自驾游对目的地发展的综合贡献度更加明显。

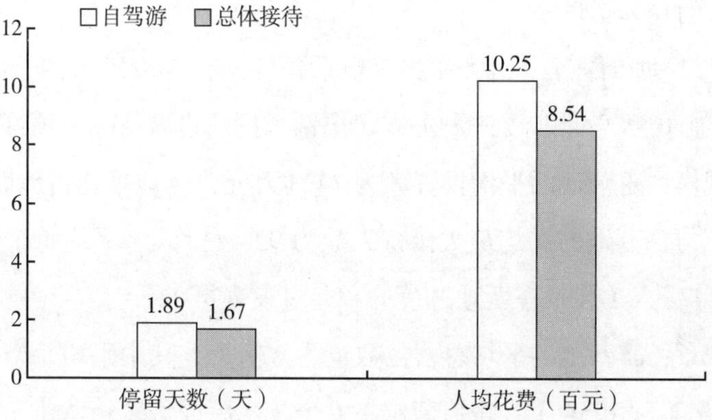

图 1-8　自驾游与总体接待的消费比较

对这 30 个城市的抽样信息显示，2017 年，居民人均自驾车出游次数为 3. 74 次，这与全国人均出游率几乎一样；人均自驾车出游距离为 464 公里，人均出游停留天数为 2.39 天。从数据上看，2 ～ 3 天的中短距离的休闲游是自驾车旅游的市场主体。从对自驾游俱乐部的访谈情况看，不仅仅是大小长假、寒暑假，人们在周末自驾车出游的距离也明显加长，体现为周末自驾车异地游的数量明显增多。

3. 景区接待

2018 年，中国车船协会收集了 20 个景区在 2017 年的数据信息。信息显示，周边自驾游接待依然是主体，异地自驾游比重稳步上升，其中有组织的自驾游占到半数以上，房车接待量依然较小；在设施方面，越来越多的景区开始配置自驾车露营地。

根据调查，景区接待的自驾车游客的人均花费为 232 元，平均停留时间为 6.3 小时。景区接待的异地自驾车游客的平均比重为 34%，其中 63% 为有组织的自驾游；景区在 2017 年的房车平均接待量为 256 辆。

（三）新业态发展迅速

1. 露营地

2018 年中国车船协会收集了 89 家露营地在 2017 年的数据信息。根据信息汇总和抽样调查，统计整理如下。

▶ 预订方式：所有露营地 100% 接受电话预订；有 57 家营地接受电话和网络预订，占 64%；有 19 家营地接受三种方式（电话、网络以及 App）预订，占 21%。

▶ 投资规模：露营地的平均投资额为 7223 万元，营地平均占地面积为 582 亩。

▶ 接待能力：营地的平均最大接待人数为 920 人 / 天，平均每个营地单次可接待用餐人数为 471 人（包括在营地过夜的和非过夜人员）。

▶ 营位数量：露营地的平均总营位数量为 270 个，其中平均每个营地有自驾车营位 123 个，房车营位 54 个，帐篷营位 146 个，木屋或集装箱营位 16 个。

▶ 其他设施：32% 的营地除自驾车、帐篷、房车和木屋营位外还有其他宿营设施，如贝壳房、泡泡、树屋、水泥管、蒙古包等。

▶ 游客类型：营地主要客群年龄多集中在 18 ~ 40 周岁，约占总人数的 60%；

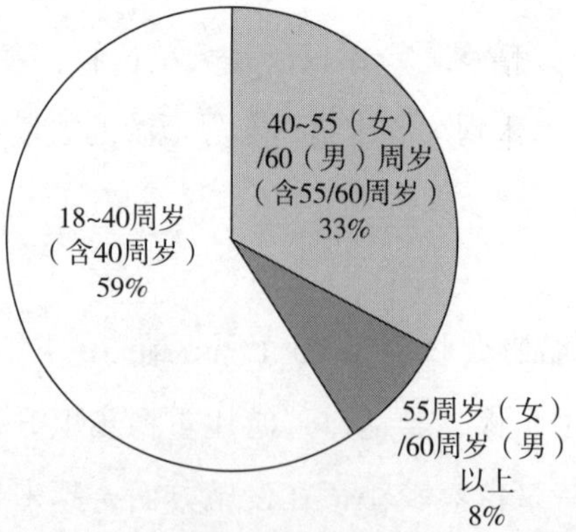

图 1–9　露营地客群年龄构成

其次，年龄段在 40 ~ 55 周岁（女）/ 60 周岁（男）以上的客群占总人数的 33%，年龄在 55 周岁（女）/60 岁（男）的占总人数的 8%；多数营地男女客人比例为 3 ： 2。

▶ 营业收入：由于营地的规模、类型和主题不同，接待人数差异较大。多数营地年接待量在 2 万 ~ 8 万人次；露营地的年均接待人数，2016 年为 3.2 万人次，2017 年为 5.1 万人次。收入差异也较大，多数收入在 300 万 ~ 1500 万元；露营地的年均收入，2016 年为 459.1 万元，2017 年为 511.4 万元。

▶ 娱乐活动：除提供营位外，所有露营地均提供休闲活动和休闲娱乐项目，其中以儿童游乐设施和亲子项目居多；43% 的营地提供采摘、真人 CS、全地形车等主题活动，并且超过 60% 的营地有篝火晚会、特色节庆等活动。

2. 汽车租赁

相关数据显示，2017 年中国租车行业市场规模达 655 亿元。汽车租赁，分为融资性租赁和经营性租赁两种，其中经营租赁市场增长迅速，2012—2017 年年均增速高达 18.39%，2017 年在整个汽车租赁市场中经营租赁占据着 87.7% 的比重。

近年来，分时租赁崛起；通过 App 自助服务也是新兴方式。相对传统短租，分时租赁的计价规则有较大吸引力，按时间或按时间 + 里程付费均体现按需收费的用车理念。目前，中国汽车分时租赁市场是以新能源汽车为主的共享出行模式，这符合国家对未来交通出行方式的期望和要求。

分时租赁市场是新能源汽车重要批售渠道之一，未来租赁车辆将会快速增加。

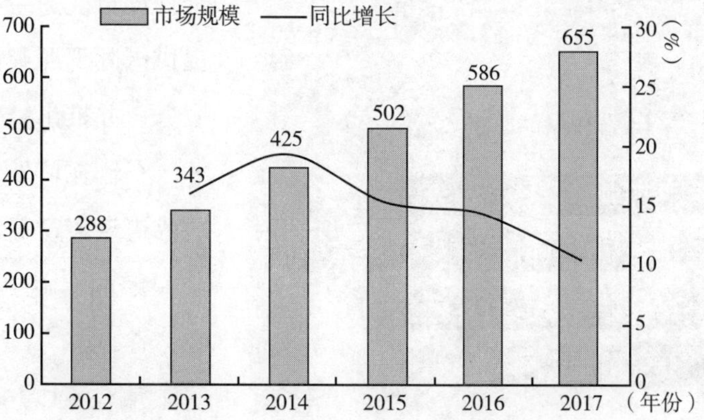

图 1-10　2012—2017 年中国汽车租赁市场规模

在“双限”的大环境下，分时租赁能够解决消费者日常通勤、旅游出行问题，在硬件设施支持下，年轻消费者群体需求将会不断被激发。随着共享经济模式逐渐成熟，以及新能源汽车技术的提升，互联网汽车分时租赁市场在未来将继续保持较快速度增长。

（四）出境自驾游趋热

“一带一路”的倡议，获得了沿线国家的广泛认同，是中国新一轮对外开放的新格局，也为中国自驾游打开跨境出境发展的新局面。到 2017 年，在“一带一路”沿线国家中，已有 56 个国家和地区成为中国公民出境旅游目的地，占中国公民出境旅游目的地总数的 37%。据测算，2017 年，中国与“一带一路”沿线国家双向旅游交流规模已超过 2500 万人次。

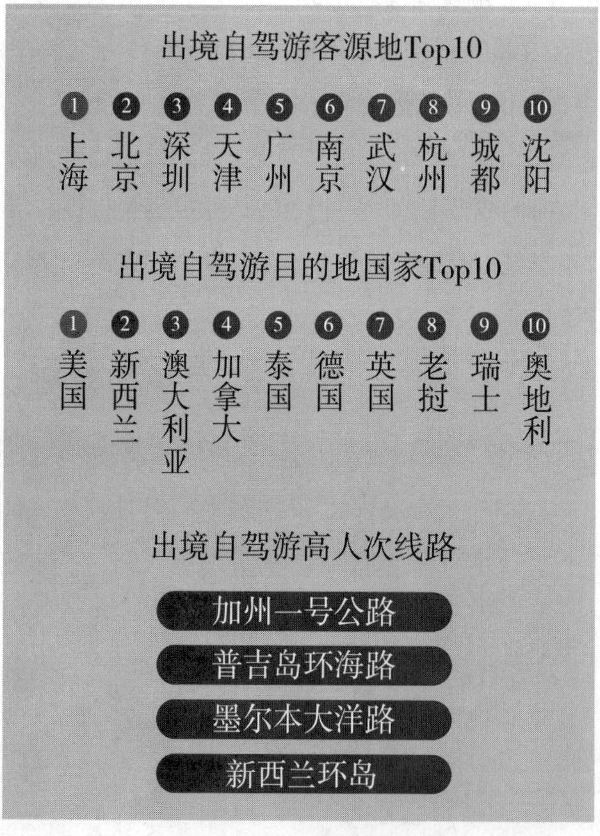

图 1-11　2017 年途牛旅游网出境自驾游监测结果

随着出境游的日益火爆以及境外租车的普及，出境自驾游受到越来越多用户的青睐。目前，中国驾照在国际上的认可度正逐渐提高，可以实现在约 200 个国家和地区自驾游，用户只需办理国际驾照翻译认证件即可。途牛等旅行商免费提供国际驾照翻译认证件办理服务，并推出境外租车全险服务，车辆在境外发生碰撞、剐蹭或遭遇盗窃等，保险公司均全额赔付，让用户出游更安心、省心。

从客源地方面而言，途牛旅游网监测数据显示，出境自驾主要客源地包括上海、北京、深圳、天津、广州、南京、武汉、杭州、成都、沈阳等，在一线城市呈现领先强劲的出境自驾需求同时，二线、三线城市经济发展提速，市民可支配收入增加，出游需求日益提升、出游频次增长，这一人群将是境外租车游的生力军。

途牛旅游网监测数据显示，2017 年，境外十大热门自驾游目的地分别是美国、新西兰、澳大利亚、加拿大、泰国、德国、英国、老挝、瑞士、奥地利。美国地广人稀，景点分散，加上其独有的公路文化，让自驾成为游美国的独特方式，洛杉矶、拉斯维加斯、旧金山为美国热门自驾目的地。途牛“美国一号公路 + 大峡谷 + 黄石公园 16 日自驾游”“美国一号公路 + 优胜美地落地跟队自驾 12 日游”“美国黄石—大峡谷—羚羊谷—马蹄湾—丰碑谷—拱门—熊牙公路 13 日跟队自驾游”等产品受到用户青睐。

用户出境自驾游注重深度体验，在自然风光优美、人文景观丰富的公路沿线，以及视野开阔、颜值高的海岸，既可以领略异域风光，还可自主设计行程，深入体验当地文化。比如加州一号公路、普吉岛环海路、墨尔本大洋路、新西兰环岛等均为热门出境自驾线路。

不过，境外自驾游目的地正呈现多元化趋势，越来越多的国家因独特的异域风情吸引中国出境自驾游用户前往。途牛旅游网监测数据显示，2018 年暑期临近时，除了上榜出境自驾游十大热门目的地的国家外，意大利、法国、西班牙等目的地国家的境外自驾游产品预订量也均呈现明显增长。

结合 2017 年以及之前年份的情况，新疆、内蒙古、云南等沿边省区，是跨境自驾游发展最迅速，也是最具前景的省区。

新疆利用 2017 哈萨克斯坦“中国旅游年”和阿斯塔纳世博会等良好契机，推出三条丝绸之路跨境旅游线路，途经俄罗斯、哈萨克斯坦、吉尔吉斯斯坦、塔吉克斯坦、蒙古国等丝绸之路经济带沿线国家，涵盖“天山廊道”世界文化遗产、帕米尔高原以及阿尔泰山沿线的自然风光、人文景观、丝路遗址、城市风貌等旅游资源。

“万里茶道”是“一带一路”的重要组成，内蒙古与俄、蒙两国常态化、品牌化的旅游交流活动日益增多。二连浩特和满洲里，是两个跨境游、边境游的热点城市，也是跨境自驾游的重要枢纽。2017 年，二连浩特市成功举办了“茶叶之路”中蒙俄国际汽车拉力赛、“茶叶之路”中蒙俄国际汽车自驾集结赛等活动。满洲里重点打造了中俄蒙国际旅游节、中俄蒙国际冰雪节暨中俄蒙美丽使者国际大赛等品牌旅游节庆活动。

云南的跨境自驾游线路主要是昆曼公路，全程 1880 公里，东起昆玉高速公路入口处的昆明收费站，止于泰国曼谷。全线由中国境内段、老挝段和泰国境内段组成。从云南昆明出发，就可以抵达泰国首都曼谷。昆曼公路也是我国的第一条国际高速公路，是自驾游爱好者的天堂，被评为最美的高速公路。

（五）自驾游扶贫成为亮点

近年来，随着西部地区道路交通设施的完善，长线自驾游的热门目的地主要集中在西部、北部边疆地区，以感受壮美河山、文化遗产及自然风光为主。其中，川藏 318 天路自驾、穿越呼伦贝尔草原自驾、西部丝绸之路自驾最受游客欢迎。2017 年 7 月，北京—乌鲁木齐高速公路，即 G7 京新高速全线贯通，这是亚洲投资最大的单体公路建设项目，也是当今世界上最长的沙漠高速公路，经过北京—张家口—乌兰察布—呼和浩特—包头—巴彦淖尔—阿拉善—酒泉—哈密—吐鲁番—乌鲁木齐，被誉为“中国的 66 号公路”。

自驾游是适应深度贫困地区基础设施实际、旅游资源现状、环境承载力，推动当地旅游业发展的一种重要业态。自驾游线路和产品能将游客带到更多地方、辐射更多地域，通过消费导入和文化交流，使扶贫范围和成效进一步延展。在满足广大游客需求的同时，贫困地区的旅游公共服务体系得到完善，乡村旅游得到发展，是供给侧结构改革思路下旅游转型升级，将脱贫攻坚落到实处的新要求。

自驾游的扶贫效果来自于自驾游和露营的自身规律和自我驱动力，即融入自然，探索未知，挑战自我。团队出游需要有好的资源、好的设施、好的服务，这样的旅游目的地需要有一定的经济发展基础，自驾游则不同。越是偏远的地方，越是原生态的地方，越是人迹罕至的地方，越能吸引广大自驾游和露营爱好者。这些地方往往都是基础设施匮乏、经济欠发达的地区，这是自驾游与团队游的最大差异，也是自驾游促进扶贫的关键所在。

2017 年，中国旅游车船协会组织开展了自驾游扶贫专项调研和线路设计。鉴于自驾游在扶贫方面的独特作用，2018 年 1 月，原国家旅游局、国务院扶贫办联合发布《关于公布中国“西部行”自驾游精品旅游线路的通知》（旅发〔2018〕4 号），推出十条中国“西部行”自驾游精品旅游线路，分别为：318 川藏线、青藏线、滇藏线、丝绸之路河西走廊线、甘南川西线、青海环线、新疆南疆线、四川线、西藏山南线、云贵线。

这种模式，将“三区三州”贫困地区旅游点纳入较为成熟的自驾游线路上，形成旅游扶贫的旅游线路产品。《通知》鼓励沿线各级旅游、扶贫部门统筹协调，加大精品旅游线路沿线公共基础设施和配套服务设施的建设力度，加强组织培训，有序引导沿线地区和人口参与旅游发展，促进脱贫攻坚。

（六）房车露营展会风起云涌

2017 年，房车产能进一步释放，需求和销售也趋旺。一个重要的现象就是全国各地的房车展会数量和规模突飞猛进。北京、上海、广州、南京、天津、苏州、太原、武汉、成都等城市均举办了房车露营展会。其中，中国国际房车展、北京国际房车露营展览会、北京（国际）房车旅游文化博览会、中国（南京）国际度假休闲及房车展览会、中国（山西）国际房车露营博览会等展会的参展商数量多、品牌集中，交易额领先。展会主办地所在省区市成为房车销售的重点市场。在 2017 年，很多旅游展会也纷纷增加房车露营的比重，有的甚至成为主要亮点。

房车露营展会的兴起，一方面与房车生产和销售的特点有关；另一方面，也是房车需求的规律使然。房车作为居民的第二辆车，或者是专业运营，或者是营地用车，其销售和消费属于升级型，跟一般私家车相比，to C 的特点不突出，to B 是主渠道。随着全国露营地和房车旅行商的快速增长，to B 的特征会更加明显，房车露营展会的数量和规模也将会进一步增长和扩大。

2017 年，阿拉善英雄会已经走过了 12 年，从一个千人规模的会员聚会，迅速成长为一个全球最大的汽车越野主题沙漠文化盛会，聚集车友规模达到 200 万人次。

2017年，除了传统的T3挑战赛，增加了T3接力赛和GR中国汽车超级联赛，牧马人大会暨岩酷攀爬赛、雷神之锤、蒙古国场地对抗赛等。休闲露营活动更加丰富，腾格里国际音乐节聚集了50万人，还有腾格里国际美食节、昆仑决笼斗赛、房车露营大会等。阿拉善英雄会已经成为自驾游越野露营的超级IP。

2017年，音乐与自驾游、露营的结合更加紧密。除了张北草原音乐节外，还有乌拉特后旗骑士音乐嘉年华、克什克腾草原音乐节、多伦诺尔·我有戏·国际草原音乐季等。与往年相比，草原音乐节的持续时间更长，参演乐队更多，活动更加丰富，自驾游和露营成为主要的目标群体和服务对象。

（七）支持政策继续出台

国务院《“十三五”现代综合交通运输体系发展规划》，明确提出拓展交通运输新领域、新业态，积极引导交通运输新消费，大力发展自驾车、房车营地，鼓励规划建设一批航空飞行营地、汽车综合营地、山地户外营地和徒步骑行服务站。

2017年3月1日，当时的交通运输部、国家旅游局、国家铁路局、中国民航局、中国铁路总公司、国家开发银行六部门联合印发了《关于促进交通运输与旅游融合发展的若干意见》（交规划发〔2017〕24号），要求推进旅游交通产品创新，打造精品公路旅游产品。结合旅游景区景点、旅游风景道等建设，加强沿线生态资源环境保护和风情小镇、特色村寨、汽车露营地、绿道系统等规划建设，形成有广泛影响力的自然风景线、历史人文线、红色文化线。加强与沿线产业和旅游经营对接，开展产品与公路旅游线路推介。推广精品旅游公路自驾游线路，引导自驾车房车旅游发展，培育自驾游和营地连锁品牌企业。以国省干线公路服务区试点建设为契机，鼓励在路侧空间富余路段设置驿站、简易自驾车房车营地、观景台、厕所等设施。根据需要在农村公路沿线增设简易驿站、港湾式停车带和观景台。具备条件的道班可探索配套建设旅游停车场、驿站、简易自驾车房车营地等设施。

国家体育总局、国家发展改革委、工业和信息化部 、财政部、国土资源部、住房城乡建设部、交通运输部、国家旅游局八部委（2018年机构进行了调整）于2017年5月8日印发《汽车自驾运动营地发展规划》，指出到2020年将建成1000家专业性强、基础设施完善的汽车自驾运动营地，并初步形成“三圈三线”自驾线路和汽车自驾运动营地网络体系。

2018 年 4 月，文化和旅游部、财政部联合印发了《关于在旅游领域推广政府和社会资本合作模式的指导意见》（文旅旅发〔2018〕3 号），就调动更多社会资源参与旅游业发展，探索推广旅游 PPP 实施路径、发展模式及长效机制，提高旅游投资有效性和公共资源使用效益，建设一批旅游 PPP 示范项目作出全面部署。在重点领域，明确提出了自驾车旅居车营地和交通旅游。依托交通集散地、景区景点等建设自驾车旅居车营地，加强水、电、气、排污、垃圾处理等基础设施和自驾游服务中心、环卫设施等配套建设。支持地方政府将交通项目和旅游资源的利用融合建设、一体发展，鼓励社会资本方参与旅游风景道、邮轮港口、游船码头、公共游艇码头、旅游集散中心、通景公路及相关配套服务设施的建设。

（八）标准规范不断丰富

2017 年 9 月 29 日，中华人民共和国国家质量监督检验检疫总局和中国国家标准化委员会共同发布《机动车运行安全技术条件》（GB 7258—2017），代替《机动车运行安全技术条件》（GB7258—2012）。新标准于 2018 年 1 月 1 日起正式实行。在新标准里首次给出了旅居车、旅居挂车的定义，并对旅居车标准进行了进一步细化。新标准是对 GB 7528—2012 的全面升级，对房车行业的发展具有极强的指导意义。

2017 年 5 月 22 日，原国家旅游局 11 号公告公布了《自驾游目的地基础设施与公共服务指南》（以下简称《指南》）（LB/T 061—2017）等三项标准，于 2017 年 11 月 1 日起实施。《指南》内容包括基本要求、自驾游线路、道路交通、自驾游集散中心、露营地、支持设施、标识导引、安全保障和应急救援、公共信息，适用于将自驾车旅游作为主要或者重要旅游产品和服务对象的区域的管理者，是首个在目的地层面界定和规范自驾游的行业标准。

上海市旅游地方标准《经营性帐篷营地建设与服务规范》（DB 31/T 1069—2017）于 2017 年 10 月 11 日正式发布。该标准规定了上海帐篷营地的经营基本条件、营地建设和对游客的基本服务、特色服务、配套服务等具体要求。

结合之前出台的相关国家标准、行业标准和地方标准，可以看出，关于自驾游、旅居车和露营地，已经形成了一个基本的标准体系，内容涉及目的地、自驾游服务、露营地、旅居车等。根据2018年的标准研制信息，下一步会在露营地新业态、节能环保、质量等级等方面继续拓展和深化标准。结合2017年新修订的《中华人民共和国标准化法》，关于自驾游、旅居车和露营的团体标准，也将会列入工作日程。

（九）房车上路政策仍需落实

2018年5月25日，北京市发改委公布了关于对北京首都公路发展集团有限公司的行政处罚。首发集团在2016年“十一”期间，对6座小型专用客车收取了10元高速通行费，违反重大节假日免收小型车通行费的规定，构成价格违法行为，被罚款20万元。《国务院关于批转交通运输等部门重大节假日免收小型客车通行费实施方案的通知》（国发〔2012〕37号）规定“免费通行的车辆范围为行驶收费公路的7座以下（含7座）载客车辆”。根据规定，对6米以内的自行式房车，乘坐人数少于7人（通常核载2～6人），需C1驾照，挂蓝色牌照，按照小型专用客车标准收费；长度超过6米的，即被定义为大型专用客车，挂黄色牌照。

中国旅游车船协会的调查问卷显示，房车上路在一些地方依然存在障碍，自驾游俱乐部在组织房车出游时还会遇到交通管理上的问题。

在旅居挂车上路方面，2015年，公安部《关于规范旅居挂车上路通行管理的通知》（公交管〔2015〕134号）规定：旅居挂车与其他载货挂车在乘坐人数、运载质量、行驶路线、运行规律等方面有着本质区别，小型载客汽车牵引旅居挂车不属于全挂拖斗车。各地公安机关交通管理部门要准确理解“全挂拖斗车”的定义概念，抓紧纠正违反《道路交通安全法》有关规定限制旅居挂车通行高速公路的错误做法。

《中华人民共和国道路交通安全法实施条例》第五十六条第二款规定：小型载客汽车只允许牵引旅居挂车或者总质量700千克以下的挂车，挂车不得载人。但旅居挂车与挂车是不同的。在《机动车运行安全技术条件》中可以看到旅居挂车被单独定义，中置轴（旅居）挂车，长、宽、高限度分别为8米、2.5米和4米。《关于促进自驾车旅居车旅游发展的若干意见》（旅发〔2016〕148号）指出：安装符合国家标准牵引装置的小型客车，可以拖挂重量不超过 2.5 吨的中置轴旅居挂车上路行驶。

（十）基础设施与公共服务不足

按照《自驾游目的地基础设施和公共服务指南》，自驾游基础设施，是为自驾游活动提供基本的保障支持服务的物质工程设施，包括道路、停车场、加油站、集散中心、驿站、营地、驻车观景台、环境卫生设施、标志标识等。自驾游公共服务，是城市政府、相关部门通过公共职能介入或公共资源投入为自驾游活动提供的相关服务，包括咨询、救援、公共信息、投诉受理处理、营销推广等。

根据中国旅游车船协会 2018 年问卷调查，参加问卷的有 20 个市级和县级旅游目的地，其中：有风景道的 2 个，有自驾游驿站的 4 个，有自驾游服务中心的 3 个，有露营地的 7 个；开展了自驾游露营展会的 2 个，制定了自驾游专项规划的 2 个；出台自驾游和露营支持政策的为 0 个，制定和实施优惠奖励措施的为 0 个，设立自驾游扶贫线路为 0 个。根据调查结果可以看出，在自驾游基础设施和公共服务方面，只有少数目的地在硬件设施上有所举动，在公共服务上的欠缺普遍非常大。

中国旅游车船协会 2018 年问卷调查还包括 20 个景区，结果显示：有 12 个景区对所在地的自驾游基础设施和公共服务提出了具体需求，占 60%，需求包括有加油站、停车场、标志标识、风景道、自驾游集散中心等；有 8 个景区的停车场设置了充电桩或水电桩，比例为 40%；关于吸引自驾车游客最关键的因素，景区普遍认为除了有特色的景区资源之外，还需要有便利交通、安全保障、充足停车场、沿途风景、价格优惠、专项服务和露营地。可见，旅游景区在吸引和服务自驾游方面，需要依仗景区之外的设施与服务，也就是目的地的相关配套。

针对自驾游俱乐部的问卷也显示，目的地的基础设施和公共服务不足是制约组织开展大型自驾游活动的最大因素。

（十一）小结

与 2016 年乃至之前的年份相比，2017 年的自驾游、旅居车和露营领域显得平淡了一些。主管部门没有那么多密集出台的政策，大部分省区市的相关规划也已制定完成，新闻媒体对自驾游露营的新鲜感也逐渐褪去。应该说，经过三年左右的沸腾，自驾游和露营进入一个新常态。这个新常态，不再是大干快上的爆发式增长，也不是冲高回落式的一阵风运动，而是进入一个注重效益、追求品质的新阶段。

密集出台的政策需要一个消化落实和修正的过程，新建项目设施需要一个市场检验优胜劣汰的考验，管理水平和服务质量需要一个自我积累优化提升的循环。总体来看，消费规模在稳步增长，市场份额在持续扩大，自驾游和露营领域的需求驱动特点依然明显。虽然建成了一批自驾游和露营项目与设施，但在硬件和软件上依然不能满足需求。

一方面是持续增长的自驾游和露营需求；另一方面是过程艰苦但前景光明的产品和服务供给。需求和供给之间存在数量级上的落差。这个落差是不正常的。既然市场需求没问题，资金投入和生产制造没问题，基础设施没问题，那问题一定是出在制度上。

旅居车的消费约束最为明显。作为第二辆车或者运营车辆，上牌、上路和入库，这三方面在消费能力最强的一线城市都是受限的。露营地的建设与运营，政策依然不完善，用地类型和业态归属仍存在模糊之处。旅居车与露营地的互动性很强，露营地的数量和分布是影响旅居车销售的关键因素，而旅居车的普及则是露营地建设和发展的重要前提。

前景是创造出来的，不是预测出来的。只有实质性地突破发展的瓶颈，特别是制度瓶颈，自驾游、旅居车和露营所代表的新旅游、新生活的巨大生产力，才能真正释放出来。

三、讨论

（一）新业态

中国旅游车船协会在 2018 年 5 月对自驾游与露营新业态进行了问卷调查。问卷对象包括旅游投资、露营地运营、房车生产、自驾游俱乐部、旅游景区和自驾游与露营协会。

根据调查，关于未来三年最具爆发力的自驾游与露营业态，认可程度超过50%的业态为“城市近郊休闲露营地”和“青少年研学训练营地”，“公共露营地或露营公园”“公路驿站式露营地”“落地自驾车租赁公司”也获得了较多的投票。业界代表提出其他业态有休闲农业型营地、景区附属营地、海外房车自驾游、自驾车房车检修服务、私人定制自驾游、露营休闲运动运营商等（见表1-1）。

表1-1　最具爆发力的自驾游与露营业态调查

业态	城市近郊休闲露营地	公路驿站式露营地	公共露营地或露营公园	青少年研学训练营地	露营地设施设备生产商	露营设施设备租赁公司	旅居车生产改装厂商	落地自驾车租赁公司	专业房车旅行运营商	自驾游俱乐部（旅行社）	其他
比重%	69	29	34	68	15	14	9	28	18	20	11

其实，自驾游、旅居车和露营本身就是新业态，本身也在探索中前行。中国旅游车船协会在调查问卷中有“用一句话总结自驾游露营工作的感受”项目，大家普遍的认识是：过程辛苦，前景美好！

▶ 潜力无限，过程艰难！

▶ 自驾车与露营带来旅游和旅行的革命！

▶ 客户来源不稳定，大部分人对营地没有认识，前景好，需要坚持。

▶ 累并快乐着！

▶ 让休闲露营成为一种生活常态。

▶ 难！但前景光明。

▶ 尚在起步，革命尚未成功，同志还需努力！

▶ 杂乱中带着激情！

▶ 市场爆发，行业规范，任重道远。

▶ 消费者的消费习惯需要培养、引导。

- 困惑！
- 环境环境环境，区位区位区位！
- 环境资源优势远超业态产品本身！
- 过程辛苦，前景美好！
- 成为未来旅游的趋势，适合中国家庭改变旅游方式。
- 这是一个新兴产业，其前景巨大，且会带来旅游行业的巨大革命！
- 激情、青春、热爱！
- 星星之火可以燎原！
- 摸着石头过河。
- 推进露营地的项目落地过程太艰难。
- 有大众认可的市场前景，但是很艰难。
- 前景好、盈利点和盈利模式的打造和固化很关键。
- 学习摸索前行总结。
- 落地难、周期长、盈利不佳。
- 辛苦、快乐，收益不大。

（二）新技术

自驾游、旅居车和露营地，是对旅游和旅行的一次革命。这个革命，来自于汽车制造技术的进步和成本的降低，来自于可装配建筑技术的成熟，来自于露营设施设备产能和品质的提升。可以说，没有技术的革新，不可能形成这么大规模、这么快增速的需求和消费。

技术进步是加速进行的。汽车、建筑、人工智能、机器人、新能源等新技术的出现和应用，必将给自驾游、旅居车和露营带来新的变革。在国际国内的情况下，新能源汽车替代传统能源汽车，已经是必然。自动驾驶也近在眼前。这对自驾游和旅居车而言，会产生非常深远的影响。新能源汽车意味着汽车租赁、共享汽车的成本和效益会更具市场价值。自动驾驶意味着驾驶证不再是自驾车出行的必需前提，这意味着自驾游群体的成倍扩张，同时也意味着自驾游线路设置和服务预订将出现新的形态。

人工智能、机器人技术的采用，将有效降低自驾游和露营地经营管理成本，同时提高效率。特别对于北方和西部的自驾游线路和露营地，季节性强，接待波动性大，对用工、能源、设施等方面造成不便，但随着智能化、机器人的推广，这些问题就不再成为障碍了。

总体来看，新技术的采用，对于自驾游、旅居车和露营而言，将产生长远的影响，这个影响是积极正面的，需要密切跟踪，乘势而上。

（三）新管理

从目前的状况看，直接对自驾游、旅居车和露营产生管理关系的，有文化和旅游部、国家体育总局、交通运输部、工业和信息化部。成立相关行业协会的，除了这四个部门，还有全国工商联、商务部等。从职能分工上看，文化和旅游部主要涉及自驾游和露营地的设施和服务。国家体育总局主要涉及汽车运动有关的露营地的设施和服务。交通运输部主要涉及自驾游基础设施，包括道路、服务站等。工业和信息化部主要是车辆的生产。全国工商联、商务部等主要是房车的销售流通等。

作为一个新兴领域，涉及多个部门管理是一个正常的现象。这种管理格局的形成，一方面说明自驾游和露营是一个链条，涉及领域多，属于融合型的产业和市场；另一方面说明自驾游和露营是一个大产业、大市场，有大格局、大前景。

按照业内的判断，自驾游和露营已经从数量型增长进入质量效益型发展的阶段，相应的管理模式也随之改变。之前总体上是市场自发增长，从行业管理上基本属于空白区。随着国务院和各级政府的重视，各类标准规范颁布实施，各级专项规划制定实施，一批支持政策和配套资金也落地，这标志着自驾游和露营地正式进入行业管理的范畴。随着国务院机构改革方案的实施落地，行业管理也重新洗牌。露营地在管理上如何清晰分工，是下一步需要明确的重要事情。

中国旅游车船协会在 2018 年 5 月对自驾游与露营新业态进行了问卷调查，其中有“对文化和旅游部在自驾游露营房车展方面的新期望”一项。从问卷反馈看，落实支持政策、完善基础设施和强化标准指导，是业界最为期盼的三个项目。

▶ 设立专项资金和金融政策，用于扶持营地建设。

▶ 营地智能化与服务，做出设施和工具优化方面的拓展。

▶ 营地住宿不能按旅馆业管理，须政策突破。

▶ 尽快将基础设施建设从文件支持变为实质性的具体支持。

▶ 做好指导和引导的平台。

▶ 在土地政策城市规划与建设方面向露营地建设提供便利。

▶ 加大各方面的支持力度，如项目资金、用地手续、管理规范化等。

▶ 加大宣传推广，引导市场消费，用客流量促进各方政策以及设施的完善。

▶ 加强自驾露营房车营地人才的培养，尽快规范专业人员去做专业的事。

▶ 引导消费者正确的自驾露营方式，重视房车营地的规范化，给予相关的政策。

▶ 期望多举办高规格、高质量、高标准自驾游露营房车展。

▶ 在民众中大力、有效推广露营文化，使露营成为人民生活的一部分。

▶ 控制总量，适度设立门槛，宁缺毋滥。

▶ 营地的标准，必须要与文化相结合，文创型营地才是未来发展的方向。

▶ 旅游、体育、文化相结合的新业态，自驾游与露营是真正大众旅游的目的和开始。

▶ 把中央的各种支持政策落实到地方政府。

▶ 多举办权威性房车自驾游活动，各省市联动配合，把房车自驾的生活方式普及全国。

（四）标准化

标准化对于新兴业态、新型服务而言，是非常关键的。因地制宜、适度超前的标准会起到规范和引领作用。尤其是标准体系，对于自驾游、露营这些综合度高、跨界性强的领域，具有独特的功能。适用的标准体系，很大程度上会化解政出多头的矛盾，创造出科学的管理模式。

按照2017年修订的标准化法，团体标准进入到标准化工作内容。这意味着标准化机制更加灵活、更加实用。对于自驾游、露营而言，将更加容易出现适用的标准体系，也就是标准综合体。从地方标准到行业标准，再到国家标准，自驾游、旅居车和露营地的标准体系正在形成。可以预见，通过努力，自驾游和露营的标准体系是可行的。

2017年5月22日，《自驾游目的地基础设施和公共服务指南》发布，加上2015年发布实施的《休闲露营地建设与服务规范》系列国家标准，以及近年来云南、上海等地制定的相应标准，在自驾游和露营领域，初步形成了国家标准、行业标准和地方标准相辅相成的标准框架。

下一步，一方面应按照需求继续制定急需的标准，例如自驾游领航员、露营活动、露营教育、旅游风景道、旅居车生产等方面的标准，形成一个自驾游领域的标准综合体。另一方面，以主管部门和行业协会为平台，加快对已有标准的推广实施，规范经营行为，提高服务质量。

中国旅游车船协会在2018年5月对自驾游与露营新业态进行了问卷调查，其中有“您认为最急需的自驾游露营方面的标准”项目。

▶ 建设标准、管理标准。

▶ 对露营地及自驾游体量大小的界定、标准、要求。

▶ 生态保护及开发的规定。

▶ 适合中国特色的露营地标准。

▶ 安全标准和服务规范，界定与客户在安全责任方面的认定。

▶ 营地等级评定。

▶ 露营地文化标准。

▶ 自驾游行业中的服务标准（包括领队、俱乐部服务标准）。

▶ 文化活动举行的标准。

▶ 文化道德标准，宁缺毋滥原则、低端不能获批。

▶ 拖挂车上路上牌应该与国际标准接轨。

▶ 环保设施标准。

▶ 领队职业资格标准。

▶ 关于拖挂房车的上路标准。

▶ 对安全、重大防范性、预见性、灾害性的刚性标准。

自驾游、旅居车和露营，是最适宜综合标准化的对象。也就是说，应构建一个标准综合体，即一个标准簇，这是一个系统工程，需要用开放系统的思维对自驾游、旅居车和露营标准体系进行重构和扩容。包括资源、管理、服务、特色化、智能化、生态化……由此也形成一个标准综合体。

旅游业目前都是推荐性标准，没有强制性标准。《中华人民共和国标准化法》第十条规定：对保障人身健康和生命财产安全、国家安全、生态环境安全以及满足经济社会管理基本需要的技术要求，应当制定强制性国家标准。事实上，无论从游客安全、环境安全角度出发，还是从旅游管理职能出发，旅游业都需要强制性标准。最适宜出台强制性标准的领域，是旅游交通和旅游景区。自驾游、旅居车和露营应该有强制性标准，这是今后需要有所突破的。

（五）规模与影响

2018 年，全国旅游工作会议明确提出，到 2020 年国内旅游达到 67 亿人次，自驾游达到 40 亿人次，房车保有量达到 10 万台，露营地达到 2000 家，拉动就业 50 万人。

1. 中外对比

2017 年，中国名义人均 GDP 达到 9481 美元，全世界排名第 70 名。这个数量级相当于 1977 年的美国、1978 年的德国、1980 年的日本。

根据美国房车发展历史，房车进入应用开始于 20 世纪 30 年代，第二次世界大战结束的时候，拖挂式房车开始流行，50 年代自行式房车流行，60 年代进入一个峰值，70 年代起伏较大，从 80 年代开始，人们对房车旅行的热情日益强烈，房车销售量开始加速上升，这种热度一直持续到今天。从美国的房车发展史看，人均 GDP 在 20 世纪 80 年代突破 1 万美元，房车销售进入持续加速阶段。由此对应阶段来判断，我国的房车销售已经处于加速增长的临界点，随时会进入突破状态。在发展程度较高的东部地区，这个临界点或许已经到来。

美国是全球最大的房车生产和消费国，每 12 个美国人里，就有 1 个人有房车。整个房车产业经过 100 多年的发展，生产、销售、租赁、服务、营地、旅游各行业都形成了完善的体系。美国房车工业协会（RVIA）公布的最新数据显示，2017 年美国房车的年销量达到 505600 辆。其中拖挂式房车总销量为 444100 辆，自行式房车 61500 辆。预计 2018 年美国房车年销量将达到 520700 辆，其中拖挂式房车销量将达到 455200 辆，自行式房车 65500 辆（见图 1–12）。

与欧美国家相比，我国的房车保有量还很小。如今，美国的房车保有量已发展到 1130 万台，欧洲房车保有量为 745 万台。我国房车保有量截至 2017 年年底约 7 万台，连美国和欧洲的零头都算不上。

露营地是房车的大本营，是房车旅行的基础设施。房车销售的增长与露营地的增长是同步的，相辅相成，缺一不可。因此，与巨大的房车保有量相对应的，是庞大的露营地存量。按照最新的数据，美国注册露营地有 1.6 万余家；欧洲注册露营地有 2.5 万余家。这与欧美巨大的房车保有量是直接对应的。我国 2017 年投入运营的露营地约 500 家，这与依然较小的房车保有量当然是对应的。

我国房车露营进入发展的临界点，形成这个判断的依据有以下几方面：

一是道路交通世界第一。中国高速公路总里程超过 13 万公里，为世界上高速公路总里程数第一的国家，第二名是美国 9.2 万公里。我国东部公路网密度已达 118 公里 / 百平方公里，超过美国的 71 公里 / 百平方公里。但西部地区公路网密度为 27 公里 / 百平方公里，存在不小的差距。

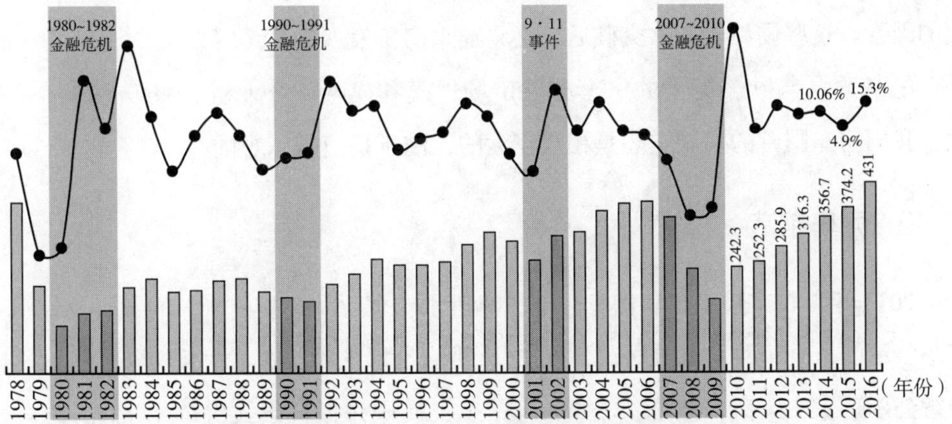

图 1–12　1978—2016 年美国房车出货量及变化

（资料来源：美国房车协会）

二是汽车保有量即将世界第一。2017 年的汽车保有量数据，中国是 2.17 亿辆，美国是 2.53 亿辆，差距已经很小。由于增速快，预计到 2020 年中国的汽车保有量将超过美国，位居世界第一。

三是人均 GDP 即将突破 1 万美元。从美国的数据看，这是房车销售进入加速、持续增长的一个临界点。

四是房车产能不断提高。2000 年第一辆国产房车下线，与欧美的百年房车历史相比，还是小字辈。近年来，国外很多品牌已经进入中国设厂。中国本土的房车厂商也不断提高产能和质量，价格也更加贴近大众，40 万元可买到品质很不错的房车。长城、大通等厂商生产的国产自行式房车单价可以达到 20 万元以下，中产城市家庭完全可以承受得起。

五是房车保有量出乎寻常地低。作为一个人口大国、汽车大国、交通强国、旅游强国，中国房车保有量过低。除了绝对数量，从汽车结构上看，按照 2017 年的数据，中国的房车占总汽车保有量不足 0.04%，而美国的比例是超过 5%，这个落差是十分巨大的。

这“四高一低”，高的超乎预期，低的不合常理。房车在中国的销售，之前存在很多的限制，例如上路、停车、牌照问题。这些问题正在加速破解。限制上路的规定正在突破之中，作为基础设施的露营地在增长，牌照控制也会因区域一体化而得到规避。说到底，除了经济基础、生活方式方面的差异，软件和硬件制约是最主要的因素。这些硬件、软件突破后，必将迎来房车发展的黄金时期。

总体看，与欧美庞大的房车露营市场规模和成熟的产业链、服务保障体系相比，我国房车露营的发展空间是相当巨大的，前景是值得乐观的。

2. 房车制造

2017 年，在申报工业和信息化部《车辆生产企业及产品公告》的载货及专用车产品公示中，全年共发布旅居车公示 12 个批次，即从第 292 批次到第 303 批次，其中被公示厂家 128 家，被公示车型达 456 款，其中包括自行式房车 378 款，拖挂式房车 78 款。与 2016 年公示车型数量相比，2017 年是 2016 年公示车型的近 2.5 倍，增长了 145.2%；2017 年参与工业和信息化部公示车型的厂家是 2016 年的近 2 倍，增长了75.3%。

2017年，房车保有量达到7万台。2018年的年销售量预计超过2万台，2020年预计保有量可超过10万台。按照房车销售均价50万元/台计算，2018年年销售额预计可达100亿元。

按照房车露营“四高一低”的现实，突破临界点后，年销售额突破10万台，也不是一个出格的数据。从美国的房车历史看，人均GDP达到8000美元的1978年，每年的房车销量就已经远远超过30万辆，年销售额超过40亿美元。也就是说，如果没有软件、硬件上的限制，我国的房车销售完全可以达到10万台/年。

据测算，一个年产500台房车的生产线，可以拉动就业800～1000人。那么每年10万台房车对应的就是500亿元产值，20万人就业。

3. 露营

目前国内建成运营露营地约500个，按照一个成熟露营地平均投资额8000万元测算，总投资额约为400亿元。据测算，一个中等规模的露营地可实现70人的直接就业。2000个露营地的直接就业吸纳能力为14万人。

根据2016年北美的露营报告，北美的露营人数占总人口的28%。根据相关调查，日本的露营人口比重达10%。根据台湾中华露营协会的统计，2014年台湾的露营人口规模达到200万人，占到全省人口的8.6%。可以看出，露营人口的比重与经济发展水平呈现出正相关的关系。

在北上广深等一线城市，周末举家到公园或者郊区进行野营的人数较多，但由于缺少专门的帐篷露营地，都是在草坪或者野外空地上临时搭帐篷，多伴有烧烤等野炊活动。“驴友”等户外运动爱好者的野外宿营活动已经比较普遍，但宿营点的选择有很大的随机性。目前，尚缺乏关于帐篷露营和野外宿营人群的大样本调查统计。从日常的露营行为看，实际需求量很大，尤其是在周末和节假日，但营地供给的不足制约了露营活动的开展。

青少年是露营活动的重要群体。根据美国露营协会的一项调查，80%的人在青少年时期曾经参加过营地活动；64%的女性企业管理者参加过女童军的营地教育；92%的人表示营地能帮助他们面对未来成人世界的挑战。在有些国家和地区，营地教育甚至纳入了中小学生的学分课程体系，每个学生每学期必须有一定天数的营地生活学分。

从欧美国家的露营人口比重来看，我国的露营消费有巨大的空间。如果我国的露营人口按照城镇人口的 5% 计算，2017 年城镇常住人口约为 8.13 亿人，那露营人口就是 4000 万人。如果露营人口比重达到 10%，那就是 8000 万人。

每人每年是多次露营的。按照日常露营经验，包括帐篷、背包、炊具、服装、器材、食物、饮料等露营装备和商品，每次露营的人均花费超过 500 元，每年露营次数不低于 3 次。如果按照城镇居民 5% 的露营人口计算，直接消费达到 600 亿元 / 年，按照 10% 的露营人口计算，直接消费可达到 1200 亿元 / 年。

很多国家的露营是从娃娃抓起，从儿童到青少年有不同阶段的训练营地，从而养成了终身的露营习惯，也造就了一定规模的常态露营人口，为露营产业发展提供了可持续的需求人群支撑。由于户外教育的认识不足和青少年营地的短缺，我国的青少年露营教育尚处于自发阶段，主要是通过家庭或者社会中介机构组织的。一方面缺少从小到大的露营教育，另一方面对于露营者的技能培训和行为规范也远不到位，客观上造成了一些露营活动的安全隐患和对资源环境的破坏。

四、展望

结合自驾游、旅居车和露营发展的背景、动向和未来研判，预计 2018—2019 年会出现三个凸显、三个爆发、三个机遇。

（一）文化性将愈加凸显

旅游的文化性，是双向的。一方面，文化是旅游体验的对象，是旅游资源和吸引物。另一方面，旅游本身就是一种文化形态，一种文明状态。自驾游、旅居车和露营，之所以能够大行其道，之所以前景光明，除了与交通工具革新密不可分之外，同时也是生活方式的转变，继而成为一种文化、一股潮流。

汽车以及旅居车的产生和使用发端于欧美国家，露营是游牧民族的一种生产生活方式。中国虽然也有游牧民族，但主体人口的生产生活方式是农耕传统。当代社会的自驾游和露营，无论是在国内还是国外，已经不是以生产和生存为基本目的，而是以休闲、学习和兴趣为导向的。从这个意义上说，自驾游和露营的文化性应成为主导特征。

在中国，汽车进入家庭只有20年左右的时间，汽车文化、自驾游文化以及露营文化，都处于初始阶段。目前存在的一些文化形式，多是从欧美引进的舶来品，乃至于自驾游的组织形式、露营地建设管理，都或多或少是学来的。这个阶段是一个必然的阶段，也是一个消化吸收和自我成长的阶段。中国的自驾游、露营文化正在孕育之中，但很快就会开花结果。

自驾游和露营的文化性，也是行业发展的必然结果。从中国尚属短暂的露营地发展来看，硬件设施和管理服务的趋同性已经很突出。不管是房车木屋还是烧烤运动，露营地和露营地之间看不出地域之间的差异，也看不出经营管理者对露营生活的理解。从无到有，从少到多，这个无差异化的起步阶段是绕不过去的。但随着露营地数量的增长，市场竞争的加剧，以及人们对自驾游和露营生活追求的不断提高，文化日益成为自驾游和露营需要去补足和强化的基本功。

无论是文化和旅游部的设立，还是市场成长和行业自身发展的要求，可以预见，自驾游和露营的文化性将成为今后的必修课。这将在政策引导、标准制定、人才培养等方面逐步体现出来（见图1–13）。

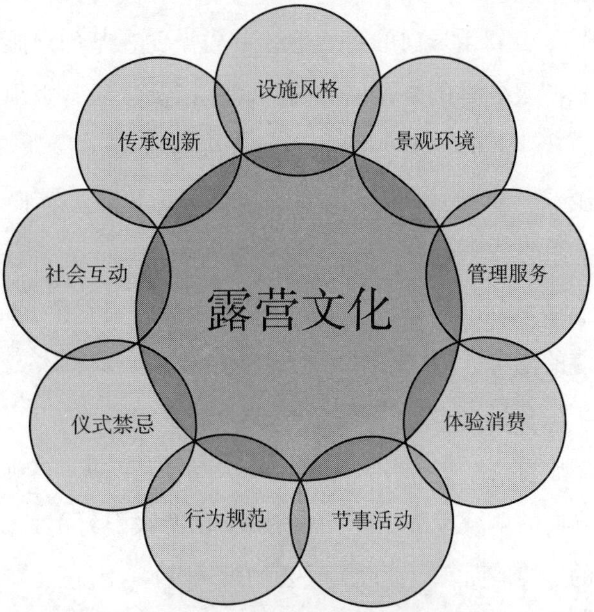

图1–13　露营文化结构示意

（二）自驾游导向更加凸显

旅游行业标准《自驾游目的地基础设施和公共服务指南》（以下简称《指南》）于2017年5月发布。这个标准的出台有着深刻的背景，那就是旅游目的地的“自驾游导向”越来越明显。一方面，自驾游已经成为国内旅游的主体市场，游客结构的转变不可逆转。另一方面，汽车进入家庭，城市乃至城镇乡村的基础设施和公共服务体系，都不可能不考虑汽车。中国已经成为轮子上的国家，作为旅游目的地，自驾游导向是必然的。

按照《指南》，自驾游目的地是能够成规模吸引和接待自驾车游客抵达并停留一段时间开展休闲旅游活动的区域。关键词是规模、吸引、接待、抵达和停留。这要求资源有吸引力、接待设施充足、可进入性和集散能力强，体验内容丰富，即进得来、散得开、待得住、玩得转、走得了。从全国旅游的平均数据来看，一般而言，作为一个自驾游目的地，自驾车游客的比重应不少于60%，人均停留时间应不少于2天。

自驾游导向的目的地，首先需要在基础设施和公共服务上弥补短板。之前的旅游服务是围绕人展开的，现在以及今后，必须是围绕人和车来实施。在自驾游时代，人与车是一体的，服务人与服务车是分不开的。这就要求在交通、停车、游览、能源、救援、信息、保障等方面，要面向自驾游群体，满足自驾游的各种需求。

从标准导向和行业管理特点上看，自驾游导向的旅游目的地总体上属于全域旅游的范畴，对“旅游+”、产业融合、城乡一体、公共服务等方面的要求是一致的。全国有超过500个单位在创建全域旅游示范区，但需要突出差异性和竞争力。在全域旅游格局下，各有侧重、优势互补是前提。全域旅游更加鼓励百花齐放。自驾游导向的全域旅游，对于一些观光旅游吸引力相对较弱但环境生态优良、综合区位好的目的地而言，会成为重要的模式选择（见图1-14）。

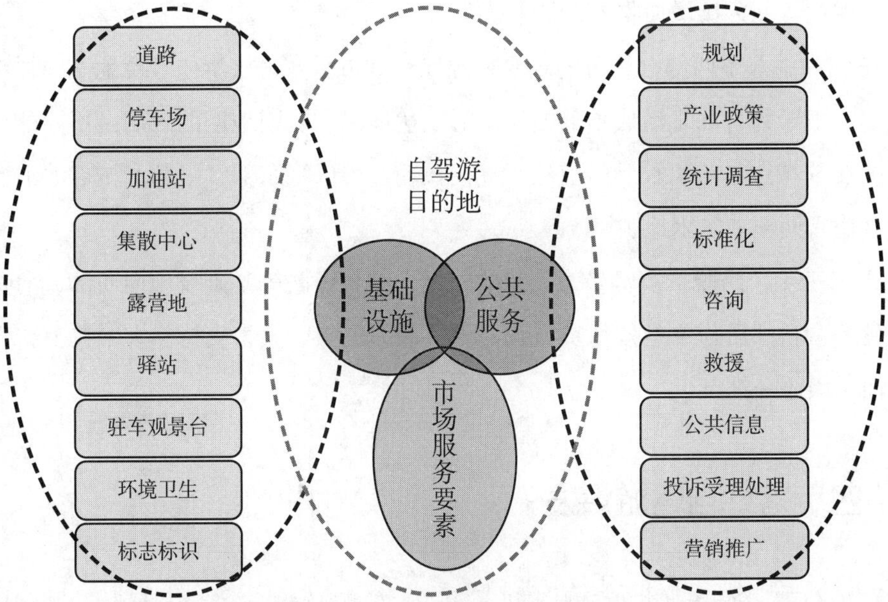

图 1–14　自驾游目的地服务体系

（三）扶贫功能更加凸显

党的十九大报告提出，坚决打赢脱贫攻坚战，确保到 2020 年我国现行标准下农村贫困人口实现脱贫，贫困县全部摘帽，解决区域性整体贫困，做到脱真贫、真脱贫。自驾游在旅游扶贫中的作用独特，潜力巨大，如加以支持引导，会发挥出重要的作用。

2018 年 1 月，原国家旅游局、国务院扶贫办联合推出十条中国“西部行”自驾游精品旅游线路，推动“三区三州”贫困地区纳入自驾游线路上。这吹响了自驾游扶贫的集结号。国家层面推出精品线路后，云南、四川、青海、新疆等省区积极落实，一些省级自驾游和露营协会组织开展自驾游扶贫活动，还结合本地扶贫攻坚工作，推出了本省区的自驾游扶贫线路和产品。

扶贫导向的自驾游线路的推出，开了个好头，下一步应加快落地基础设施和服务设施。对于城乡发展基础薄弱的贫困地区而言，营地和驿站是至关重要的设施和要素。营地和驿站不只为游客带来服务便利，也为沿途乡村带来消费，包括餐饮、购物、住宿等，直接增加收入，带来就业。

东部和中部是西部自驾游的主要客源地，城市是乡村旅游的客源地。同样额度的花费，由于物价和生活成本的差异，对发达地区和贫困地区的效用是不同的。自驾游扶贫的特点是距离长、门槛低、直接拉动，可以将东部、中部和城市的消费能力直接输入西部和贫困地区。

未来三年，是脱贫攻坚最为关键的时期，结合道路等基础设施向西部、向贫困地区延伸，自驾游作为有效扶贫方式，值得大力倡导、大力支持、大干快上，为实现全面小康添一把柴。

（四）落地自驾游爆发

落地自驾，通俗地讲就是乘飞机、火车、轮船乃至长途汽车等到了一个地方，在当地租车自驾的模式。最初是小部分高端商务人群、摄影爱好者，不愿受团队旅游线路的限制，采取乘坐飞机然后落地自驾。随着高铁和机场建设的加密，租车成本的降低，越来越多的人选择落地自驾。尤其是对于一些长距离目的地，全程自驾的时间成本过高，落地自驾就成为理性的选择。

落地自驾的直接原因是节约时间成本、提高旅行质量，在成本和自由之间取得平衡。落地自驾游进入爆发阶段的原因主要有四个：

一是高铁和航空网络的形成。铁网和航空网的加密，这使得从客源地到目的地的大交通更加便捷，费用也更加实惠。大交通条件的改进，使得落地自驾从成本上看更为可行，尤其是长距离旅行，大大节约了时间成本和经济成本。

二是汽车租赁大发展。汽车租赁是落地自驾的主要供应商。汽车产能提升，制造成本下降，汽车越来越先进，越来越好开，为汽车租赁业的发展提供了保障。个人信用体系的建立，便捷支付手段的普及，租赁金融资本的介入，异地服务网络的形成，都使得汽车租赁业态满足了大发展的条件。

三是新能源汽车的推广。新能源汽车已经是必然趋势，能源补给和续航技术突飞猛进，充电桩、充气站等能源供给设施加快布点，以城市为基地，辐射周边，联动一体的协作格局正在形成。新能源汽车最适宜用于共享汽车、分时租赁，从而更利于为落地自驾所使用。

四是智能驾驶技术的应用。人工智能、机器人等技术的使用，使得无人驾驶也成为可能。无人驾驶技术，催生的是固定线路智能驾驶，是未来落地自驾发展的关键催化剂，不仅仅是交通工具的变革，也会成倍扩大乘客的范围，前景不可限量。

2017 年，以“悟空”“曹操”等品牌为代表的新型汽车租赁企业成长迅速，首汽约车、滴滴出行等品牌也获得不俗的业绩。可以预见，在技术进步支撑下，将会有更多的资本进入落地自驾领域，推动自驾游进入一个新阶段。

（五）房车专业运营爆发

相较于欧美的庞大、成熟的旅居车市场，中国旅居车市场还十分稚嫩。按照分析，旅居车市场存在“四高一低”的现实，很大原因是旅居车的生产和使用还存在一些制度上的约束。而突破软件、硬件上的限制，是一个必然趋势，我国的房车生产销售完全有条件达到 10 万台 / 年，乃至更高。

旅居车的生产，尤其是旅居挂车，对于中国的汽车制造和改装企业而言，技术上基本没有障碍，因此在产能上没有根本上的问题。旅居车的主要消费市场是一线城市，但这些城市存在限号、限行以及停车场供给不足等问题，旅居车作为第二辆乃至第三辆车，其消费制约是客观存在的。

一方面是产能扩张，另一方面是消费制约，供求之间存在很大的现实落差。这意味着在可预见时期内，B 端是旅居车厂商的真正空间。B 端的主要采购者，包括露营地和运营商。

露营地对旅居车的使用主要是挂车，也就是拖挂式房车，但也面临着集装箱、木屋、帐篷等营位设施的竞争。露营地数量的增加和规模的扩大是趋势，但客观存在用地、资金、人才等方面的约束。

专业运营商是房车使用的主体。目前这个角色主要由部分旅行社和自驾游俱乐部来兼职承担，而且根据中国旅游车船协会对 2017 年情况的调查，自驾游俱乐部组织的房车旅行比例非常低，主要是在北京、东北、内蒙古、青海、山西等北方省区市，随机性很强，尚未产品化。总体看，旅行社和自驾游俱乐部来运营房车，存在资金、人才、采购能力等方面的问题。

可以预期，在产能驱动下，专业房车运营商的爆发近在眼前。突破的方向是生产厂商与汽车租赁的结合，这已经具备了可行性。房车专业运营商，以及各类露营地，将形成旅居车真正的B端，而旅行社、自驾游俱乐部以及消费者，则组成C端。由此，旅居车行业的闭环会基本形成（见图1–15）。

图 1–15　房车专业运营商生态体系

（六）近郊露营地爆发

露营地按照区位和具体功能，可以划分为驿站型营地和休闲型营地两类。驿站型营地主要位于自驾游线路沿途，提供短暂休整和补给服务。休闲型营地主要位于城市周边，提供休闲活动和露营体验服务。

近郊露营地可定义为城市周边1小时车程内、提供日常休闲活动和露营体验的营地。近郊露营地交通便利，属于同城化范畴，纳入到日常休闲序列，即每天下班后即可抵达并消费。

近郊型营地爆发的促因主要有四个：

一是一线城市限号限行以及停车制约，抑制了对旅居车的潜在消费。近郊型营地，特别是异地近郊营地，可有效解决号牌、停车等制约，加之同城化，交通便利，可成为旅居车停泊乃至共享的基地。这种情况在北京、上海等特大型城市周边尤为适用。

二是常态露营人口的形成。随着生活水平的提高，部分一线城市的青少年形成了露营习惯，这类亲子家庭与喜爱户外运动的青年群体，构成了中国的常态露营人口。这部分人口对露营生活的追求是高频次的，对近郊型营地的需求是刚性的。

三是中小学校对研学旅行和素质教育的需求。2015 年 9 月,《北京市中小学培育和践行社会主义核心价值观实施意见》发布，突出对学生实践创新能力的培养，要求中小学必须有 10% 以上的课时是在社会大课堂中进行。2016 年教育部等 11 部门发布《关于推进中小学生研学旅行的意见》(教基一〔2016〕8 号)，要求开发一批育人效果突出的研学旅行活动课程，建设一批具有良好示范带动作用的研学旅行基地，打造一批具有影响力的研学旅行精品线路。中小学的素质教育、研学旅行成为“必修课”，对满足安全条件、适应青少年教育要求的城市近郊的素质教育和研学基地的需求越来越大。

四是中短距离休闲出行是自驾游的主体。中国旅游研究院（国家旅游局数据中心）与中国电信成立的旅游大数据联合实验室发布的 2017 年上半年全国自驾出行游客情况显示，2017 年上半年全国平均自驾游出行距离为 142.83 公里，400 公里内的中短距离出行游客人数占出行总人数的 90% 以上。

综上，近郊型露营地存在需求驱动，这个驱动既包括自驾游市场，也包括青少年教育和旅居车的销售消费，是一个综合驱动。这要求近郊型露营地的规划设计、投资建设和经营管理，要清晰定位，科学设置内容，乘势而上，纳入日常休闲和素质教育体系，成为环城市休闲游憩系统的重要组成。

（七）出境自驾游新机遇

从大趋势上看，随着各国对“一带一路”倡议的积极响应，更多国家成为中国公民的出境旅游目的地，旅游免签、落地签的国家数量越来越多，自驾游入境的手续在简化。加之我国与周边国家连接的公路、铁路也在增加。出境跨境自驾游进入爆发增长的基础设施和制度环境不断优化，进入一个临界点。

2018年4月，国务院同意设立内蒙古满洲里、广西防城港边境旅游试验区，文化和旅游部、外交部、国家发展和改革委员会、国家民族事务委员会、公安部、财政部、自然资源部、交通运输部、海关总署、国家体育总局10部门联合印发了《关于印发内蒙古满洲里、广西防城港边境旅游试验区建设实施方案的通知》（文旅旅发〔2018〕1号）。边境旅游试验区是国家层面确定的唯一以改革为指向的旅游业发展重点区域，目的在于通过强化政策集成和制度创新，推进沿边重点地区全域旅游发展，打造边境旅游目的地，从而对全国旅游业的改革创新发挥先行示范作用。

按照《实施方案》，满洲里试验区的主要任务有探索旅游扩大开放政策、构建产业发展政策体系、探索旅游产业促进新模式、探索完善旅游服务管理体系4个方面，包括优化出入境管理制度、促进自驾车旅游往来便利化、推动团体旅游便利化、提高旅游投资便利化水平、探索实施旅游发展用地政策、创新旅游人才培养引进机制、构建产业融合发展格局、建立跨境旅游合作机制等13项具体任务。防城港试验区的主要任务有探索旅游便利通关新举措、探索全域旅游发展新路径、探索产业发展引导新机制、探索边境旅游转型升级新动能、探索扩大边境旅游合作新模式5个方面，包括促进人员通关便利化、促进自驾车旅游往来便利化、完善边境旅游综合服务设施、构建旅游共建共享模式、创新旅游投融资模式、推动完善土地支持政策、开拓海上跨境旅游新市场、打造边境新型旅游产品、建立跨境旅游常态化联合执法机制、推动跨境旅游联合营销机制等15项具体任务。

在这两个边境旅游实验区的探索推动取得经验模式后，将会加以推广。我国的陆地边境线长，与周边国家山水相连。可以预见，随着基础设施和管理制度的完善，出境跨境自驾游面临巨大的发展机遇。

（八）公共露营地新机遇

2013年十八届三中全会提出“建立国家公园体制”后，2015年6月启动了为期三年的国家公园体制试点，当年9月，中共中央、国务院印发的《生态文明体制改革总体方案》又对建立国家公园体制提出了具体要求。2017年9月，中共中央办公厅、国务院办公厅印发了《建立国家公园体制总体方案》。

在《建立国家公园体制总体方案》中，中央明确建立国家公园的目的，就是为了保护生物多样性，保护生态系统的原真性和完整性，提到要发展“自然环境教育和游憩”。参照其他国家的国家公园的做法，体现公共特征的低价格和容量限制是可以确定的模式。同时，为满足合理服务的要求，设立公共露营地也是非常可行的。

根据相关信息，美国近半数的露营地是公共营地属性，而且很多露营地坐落在国家公园里，是国家公园里唯一合法的宿营场所。目前中国的露营地绝大多数是由社会资本投资建设和运营管理的。由于准入、用地、审批等方面的限制和模糊，真正意义上的公共露营地尚未出现。

露营地一方面属于自驾游目的地的基础设施，另一方面也是生态友好、融入自然的服务设施，是与国家公园天然适应的自然环境教育基地和游憩服务设施，在资源环境保护的前提下，成为国家公园重要的配套设施，是符合可持续发展要求的。近年来，各地在建设生态文明过程中，形成了大量生态空间，例如郊野公园、湿地公园、森林公园等，国家公园体制的深化推广，也会带动各地在这些生态功能区发展公共露营地，满足国民享受生态文明成果的需求。

结合国内外的做法和经验，公共露营地采取政府和社会资本合作即 PPP 的模式是最为适宜的。2018 年 4 月，文化和旅游部、财政部联合印发的《关于在旅游领域推广政府和社会资本合作模式的指导意见》（文旅旅发〔2018〕3 号），就明确将自驾车、旅居车营地和交通旅游列为 PPP 的重点领域。

综合判断，在我国作为尚属空白领域的公共露营地，正面临重要的战略机遇期。

（九）外资品牌进入中国

2018 年，是中国改革开放 40 周年。4 月，习近平总书记在海南博鳌论坛上就放开市场准入、加强知识产权保护及主动扩大进口等方面做了系统阐释，中国“将尽快使之落地，宜早不宜迟，宜快不宜慢，努力让开放成果及早惠及中国企业和人民，及早惠及世界各国企业和人民”。同月,《中共中央国务院关于支持海南全面深化改革开放的指导意见》明确提出，在海南全岛建设自由贸易试验区，探索实行符合海南发展定位的自由贸易港政策。

4 月，工业和信息化部表示，将在制造业已经基本开放的基础上，进一步落实汽车、船舶、飞机等行业的开放要求，放宽外资股比限制，特别是汽车行业的外资股比限制。在 2018 年取消专用车、新能源汽车的外资股比限制，2020 年将取消商用车外资股比限制，2022 年将取消乘用车外资股比限制，取消在华设立合资企业不超过 2 家这样的限制。除了降低汽车进口关税之外，中国在汽车流通等领域也将进一步向外资开放。

现代意义上的自驾游、旅居车以及露营，欧美以及澳大利亚发展得早，也更加成熟。目前，进入中国的主要是旅居车以及露营设施设备的生产制造，而自驾游运营、露营地管理、旅居车运营、露营教育培训等业态，尚未真正进入中国。这些业态，国外的企业和机构是客观领先的。

这些业态的进入，是伴随着旅行服务、专业服务等服务领域的开放而推进的。这些领域，将是我国继续扩大开放乃至实现完全国民待遇的领域。可以预见，自驾游、旅居车和露营领域的专业机构、品牌以及资本，即将加速进入中国。

扩大开放带来的，是机遇，也是挑战。就我们的自身条件和实力而言，挑战明显大于机遇。这需要提高认识，认真应对。

结束语

2017 年的主题词是“新”，新时代，新理念，新发展。作为新业态、新产品、新事物的自驾游、旅居车和露营，在经历市场、投资、政策的爆发期之后，也进入一个相对安静但依然持续的“新常态”。在国家大的供给侧改革、注重生态文明等发展背景下，呈现出稳中有进、良性扩张的格局，充分体现出需求驱动下新型行业发展的典型特征。

2018 年的主题词，依然是“新”，而且增加了“开放”。新部门、新管理，与新能源、新技术交织在一起，给自驾游、旅居车和露营注入更大的活力，也带来新的不确定性。客观上说，自驾游、旅居车和露营，是改革开放的产物，虽然是经济社会发展使然，但也充分吸收借鉴了国外发展模式和经验。当前，刚刚进入本土化阶段，无论是资本、品牌还是人力资源，都还没有达到具备竞争力的层次。

“新”和“开放”交织在一起，可以预见，需求侧的自驾游、旅居车和露营将进入更好更快的成长阶段，市场规模将继续扩大，消费结构也将不断合理和优化；而供给侧的自驾游、旅居车和露营，将不可避免地面临第一次冲击，这种冲击不是来自市场萎缩或者偏好的改变，而是来自更加先进的玩法、更加高明的管理和更加强大的资金资本。

市场优胜劣汰，开放不可逆转，在竞争中学习，在竞争中创造，将是今后一段时期行业的主旋律。

第二部分
理论篇

自驾游十题

魏小安　世界旅游城市联合会首席专家，中国旅游协会休闲度假分会会长，全国休闲标准化技术委员会副主任

摘　要：中国自驾游房车露营旅游进入新时代，发展前景无限，但现实存在诸多困难和短板。作为公共性和商业性的产品，不能单靠情怀，应创造复合模式，把握中国特色，推动产业链条发展，在发展中提高价值和素质，迎接爆发式增长。

关键词：自驾游　公共性　复合模式　发展链条

中国自驾车和露营产业的核心是幸福产业的创造者，是美好生活的提供者，国务院明确了五大幸福产业，第一位是旅游，第二位是文化。党的十九大报告也提出我们现在社会的主要矛盾是人民群众对美好生活的追求和供给的不充分不协调之间的矛盾。自驾车露营产业就是幸福产业的创造者和美好生活的提供者。

一、创造行业空间

按理来说，这个行业空间很大，我始终在想一个问题，我们老说是一个新的业态，甚至一个新产业，但是严格讲，增长并不快，我原来听说全国600家营地，今

年新的数据是900家，到2020年要达到2000家。我现在看难以达到，什么原因？现在空间的开拓太困难了。

从消费空间的角度来说，这是一种生活方式的革命。中国自古以来是一个农耕民族。农耕民族讲的是父母在，不远游。所以历史上就不可能形成大众旅游的格局。现在不同了，到了工业化发展后期，整个生活方式变了，需要有一个革命。这个革命里，自驾车、房车、营地，就是一个领头，也是一个领袖。

如此来看，一方面消费空间巨大，另外一方面发展空间局限。这里边有一个矛盾，这个问题在制度上。

二、发展前景无限

展望一下，产业发展前景真是无限，我曾经谈过未来发展有四句话：

一是“好吃懒做图舒服”。好吃懒做是人的天性，但我们总把好吃懒做当成贬义词。实际上，好吃促进了农业的发展，懒做促进了制造业的发展，图舒服促进了服务业的发展。所有省力的发明都是懒人发明出来的，所有好吃的东西都是好吃的人发明出来的，否则发明的动力何在？

二是“好玩玩好求快活”。好吃懒做图舒服，好玩玩好求快活，这是一个升级的需求。

三是“娱乐刺激追极限”。我们现在有一句话叫娱乐至死，娱乐里面又有刺激，最后追一种极限。现在各种极限的东西都有人在追。有人说吃饱了撑的，恰恰是因为吃饱了撑的，才要做这些事情。好好地在家里有房子不住，你非得弄个房车当住房，不是吃饱了撑得吗？踏踏实实有飞机、有火车、有公交车你不坐，非得弄个自驾车开来开去的，不是吃饱了撑得吗？但其实这就是人性的一种追求。

四是“共享休闲成主流”。通过共享的方式，推动休闲，形成社会消费的主流。

那么，面对着这样一个无限的发展前景，我们应该怎么做？

三、现状分析无奈

我也跟踪这么多年了，就是两个字：“无奈”。谁都重视，但重视在口头上，落实在口号上，只听楼梯响，没见人下来。所以造成现实中商业模式难以形成，这是我们最大的困难。

我只要碰到做这一行的，就问你的商业模式何在？做俱乐部还好，因为做俱乐部就是一个平台，整合大家，挣钱多少都无所谓，反正大家玩得嗨就行了。可是做营地就不同了，做房车也不同。

商业模式到底怎么形成？营地现在就是两个模式：第一个模式靠卖房车、卖装备来养营地。本来营地是个主业，现在变成了辅业。第二个模式靠准房地产的形式。办不下土地手续，不能搞永久性建筑，那就给这个房子装四个轱辘，这叫临时建筑。不让我卖房子，卖使用权行不行？

四、公共性和商业性

营地这一类的项目，严格地说，在发达国家，都叫作准公共性产品。准公共性产品怎么做？土地免费提供，或者说低价提供，水、电、气政府一定提供最便宜的，要按照公共产品来考虑。可是这个事情，政府自己不能做，要由企业来做。一个半公共性的产品，由企业通过半商业性的运作，来达到一个好的效果，这就是为民众提供一种新的生活方式，是国际上普遍的经验。只要到发达国家，基本都是如此。这种半公共性、半商业性的项目，对于政府来说是提供最大的支持，对于企业来说先是保本，其次是有相应的利润，绝不可能是暴利，想暴利也不可能。这样相得益彰，形成的最好结果就是消费者得到了实惠，使人民群众对美好生活的追求能够实实在在落在地上。

我记得第一辆房车上高速路，就被拦在收费口，拦了两个多小时，层层请示，谁都不知道怎么收费，也不知道怎么处理。现在应该说有进步，这类事虽然还有，但至少大家接受。一个新的事物，从不理解到现在接受了，在理念上还是有倡导，大家开始赞成，这是一种进步。如果真正有一些实实在在的政策落下来，爆发性的需求，就会转化为爆发性的增长。

五、爱好和情怀

自驾游露营领域的同行不少，有的都认识接触很多年了。我就观察，发现喜欢是动因。为什么大家干这个活？喜欢。从玩开始，从干发端，一开始是自己玩，玩来玩去，玩得不过瘾了，可以干这个事了，大家基本上走得都是这么一条路。我一个老朋友，今年 70 岁了，是中国第一代自驾游爱好者，20 世纪 80 年代后期，买了一辆夏利。那时候能买辆夏利不得了，开着夏利，去新疆、西藏，单人单车进藏。到去年，仍然单人单车进藏，当然已经不是夏利了，这就是喜欢。就是从玩开始，从干发端，追求情怀，自驾天下。

这批人很大程度上是在玩情怀。玩情怀很好，但不能当饭吃。干来干去，发现这个事靠这么个干法来当饭吃，也不太容易，可是毕竟自驾天下走了一把。我听到很多人一说，走哪走哪，哪条线怎么走，我很羡慕。恰恰有这么一批人，才使这个事业能够坚持到今天，才使这个行业能够形成，这个产业能够逐步壮大。

这个行业需要文化内容。文化提升，是下一步很重要的一个任务。这涉及的文化很复杂，内容也很丰富。我们不要认为，一说文化就是名胜古迹。

我们这个文化可以指：第一，自然的文化，因凡是玩这一行的都有一条：热爱大自然、追求大自然，这本身就是一种文化追求。

第二，群体的文化，自驾车不是一辆车自己这么跑，当然也有。更多的是一种群体。这种群体的文化，形成了一种自组织。这种自组织创造了一种新的感受和新的方式。

第三，方式的文化，各种各样的方式组合在一起。这个方式的文化也使我们不断地有新的追求。比如落地自驾，多方式组合，包括自驾车本身组织方式的变化，都是有文化的。

第四，野奢的文化，我们追求一种荒野生存，又在追求一种真正的奢侈，这就是一种野奢的文化，恰恰是在这种方式、这种组织和这种自然追求之下才能够形成。

至少有这么四个方面的文化，这就意味着我们的内容会更加丰富。阿拉善英雄会，所体现的文化内容就不是简单的自驾车的聚集文化，而是体现了更新的、更高的、更尖端的这种文化追求。

六、市场拓展生活

文化和旅游部组建，旅游的地位不断提升。从文化的角度来说，政策大了，我为什么说要突出文化，就是要抓住这种政策机会，来寻求支持，而且寻求实实在在的政策支持。

市场是旅游的优势，现在消费已经升级了，通过消费升级，生活转型，下一步很自然的追求就是户外运动和自然生活。一方面，我们现在具备了政策的优势；另一方面旅游始终有市场的优势。通过这种市场的拓展，开拓新的生活方式。

2018 年的高考，是 21 世纪 00 后第一次进入高考，跟着他们就要走上社会，就要进入生活，他们代表未来的生活方式。我们不能只看自己喜欢什么，要看年轻人喜欢什么，年轻人对新的生活方式有追求，对新的旅行状态有追求，这种追求无穷无尽，他们的创造性也无穷无尽。所以这样一个拓展过程，也是一个无穷无尽的过程。

七、创造复合模式

我们可以把涉及这个行业的元素归归类。多种元素，全面聚集，一定会形成复合的模式。

第一类是硬件，汽车、道路、房车、营地，这就是硬件。第二类是运营型的，就是资本、设施和运营。第三类是组织、聚集和领袖。

这个行业有一个非常突出的特点，就是形成领袖。会形成领袖型的企业，也会形成领袖型的人物。尤其是自驾车俱乐部，每一个俱乐部的领导都是一个领袖，都会有很强的号召力，这是行业非常突出的特点。因为一开始就是从爱好、从情怀开始的，这个开始就是一种领袖型的开始。

这种复合模式的形成，也产生了多种意义。

第一是腿的意义。这个有腿和没腿完全不同。我们有一辆车，一天的活动半径扩大，活动范围一两百公里不算什么。要没有这个车，一天的活动范围，原来就是几公里，后来骑自行车，就是十几公里。现在不同了，这个腿，对各地发展意义非常大。比如一个县有一个主题景区，跟团来看完了走，这个很正常，不可能再看其他的地方。但是自驾车就不同了，你这一个县有三五个点，可能都去，一天时间就花上了，晚上就留下来了。这就是腿的意义。

第二是自的意义。自的意义就是自驾。我们现在讲还是自己驾驶，下一步就叫自动驾驶，再下一步是自由驾驶。到那个时候，完全处在自由状态，不管你会不会开车，自由驾驶的状态就形成了。

第三是熟的意义。一般的旅游者虽然也做一点攻略，但是毕竟不熟。自驾车不同。开着车跑来跑去，不熟也熟。这种熟，意味着自驾旅游的选择余地极大，评判的要求也会提高。

第四是乡的意义。讲全域旅游发展，尤其是乡村旅游发展，自驾游的意义是实实在在的。自驾车敢下乡，敢进山，哪个地方都敢去。一般的旅游者，尤其我们这种比较老的，习惯于团队旅游，出了这个范围，哪也不敢去。

第五是动的意义。就是在流动的过程中，资源在流动，资金在流动，消费在流动，市场在流动，各个方面都在流动，这种流动就创造了一个共享的发展空间。

第六是深的意义。我们的旅游越来越推向深度进军，全域旅游通过自驾游这样的方式才能够全面地落实。

八、衍生发展链条

我们要通过链条式的衍生，创造新的发展格局。

第一，需求链。作为一个自驾车的旅游者，从产生这个念头开始，就产生了第一个需求，然后在这个过程中，一系列的需求都在产生，这是一个需求链。

第二，围绕着这个需求链，形成一个服务链。这种服务链，一是需要政府的公共服务；二是需要运营商的服务；三是需要信息服务。需要各个方面的服务，我曾经归纳过，一共是九个方面的服务，形成了一个服务链。

第三，围绕服务链，自然而然就形成了一个产业链。这个产业链对各个地方来说，是具有最实在意义的。比如说作为一般的旅游者，到哪儿顶多买一点工艺品、纪念品，就是所谓的旅游商品，多了我买不了。可是自驾车就不同了，要装满自驾车的后备箱，让快乐充满自驾者的心怀。后备箱不是靠工艺品、纪念品就能装满的，得是农副土特产品。若干个品种装一个礼包，来了之后，一个礼包拿走，你也用不着去逛市场，保证品质、保证供应链，这是一种比较普遍的方式。

第四，自然而然就会有深度的利益链。产品的供应商有供应商的利益，组织者有组织者的利益，消费者有消费者的利益。在这个利益链里面，哪一个环节出错，就会出问题。追求利益是正常的，每个人都在追求自己的利益最大化。利益的冲突也是正常的。我们要做的工作是让利益尽可能地和谐、尽可能地协调，通过衍生的发展，形成链条，这才能够从根本上构造发展新格局。

对运营商来说，也是如此。如果只是维持一个营地，显然不行。有个营地的老板说，我不怕一年只营业 3 个月，照样挣钱。我当时就说，胡说八道，这个营地一年就营业 3 个月，还照样挣钱？是这样的吗？其实，围绕着营地，当地给了 10 平方公里的林地，这个林地不能伐树，要保护好，但可以运营，所以他每年靠林下经济，就挣钱了，然后补贴营地。他成功的一点是，扩张形成衍生的产业。

九、中国特色推动

中国特色，首先是海量特征。我们有近 14 亿人口。有数据说已经有 4 亿中产阶层，也有数据说是 1.8 亿中产阶层，实际上这涉及中产阶层怎么定义。不管怎么样，我们这个中产阶层形成了一个庞大的规模。现在总体的消费格局就是中产阶层为主体，年轻人的消费为主导。这是旅游消费很突出的特点。在海量特征之下，把这点看明白了，很多事情都能看明白。

我有时候和外国人讨论，一直讨论到项目。外国专家就摇头，说这个项目肯定不行。我说这个项目一定行，他们就理解不了。我说很简单，就是中国的海量特征。我们一个春运，40 天之内，35 亿人次流动，相当于在 40 天之内，全世界的人口有一半流动一次。哪个国家都无法想象，哪个国家都无法对应，但是我们中国人有本事，我们年年都能做。而且春运，越做越顺。这样一个海量特征，意味着一个很小的百分点，就是一个巨大的绝对量。我们这个行业虽然困难重重，但是仍然信心满满，这是一个最基本的依据。

我们现在的消费是四个消费：

第一是金钱消费。金钱消费对我们来说，已经不是根本性制约了，制约我们的是一系列其他方面的因素。都买得起房车，房车并不贵。但是，停在哪儿？上路怎么办？保障怎么办？这一系列的问题跟不上来，我就不敢买这辆车。我经常散步，突然有一天，有一辆房车停在那儿了，这是个标志。一年多时间，我有两次看见这个房车消失了，就是它出去玩了，剩下的时间就停在那儿。我们家小区面积比较大，还有地儿停。现在一个很重要的商机，就是城近郊营地的商机。我买了房车，停在你这儿，要用的时候，我开车过去，开着房车走。然后又有生意产生了，你平常在那儿停着、闲着，还不如帮你运营。这就像途家做共享住宿一样。事物在发展，一个一个生意就会产生。

在今天，相当一部分初级旅游者还是价格导向，这是毫无疑问的，没有多少钱，但是我也想旅游，那我就先选哪里便宜，但是选的一定是胜地。第一代旅游者一定是胜地旅游者，这是错不了的，一定是观光旅游者。可是随着我们经验越来越丰富，就会变化。

第二是时间消费。时间消费是制约中国旅游发展最根本的问题。时间不能自主，就形成现在冷热不均的现象。假日改革，已经是箭在弦上，我们原来是六天工作制，1995 年改成五天工作制，1999 年形成黄金周，之后又形成现在的样子，叫两个黄金周、五个小长假这样的格局。不管怎么调，实际上就一条，要把休假的时间还给老百姓，要把休假的自主权还给老百姓。政府要做的是考核各个地方，带薪休假制度是不是落实下来。一个公司，大家轮流休假行不行？为什么非得凑到一起。从我们这么大一个国家来说，世界第二位的经济体，一年有这么几次集中休假，整个国民经济就瘫痪了。这种情况对国家就是好事吗？一个春节期间，半个月，谁也不干活了；一个“十一”黄金周，十天左右，谁也不干活了。这么大的国家，这么大的经济体，停一天，损失多少，大家轮休行不行？轮流度假行不行？一年 365 天，什么时候都有人工作，什么时候都有人休假。时间的消费是制约旅游消费最根本的问题。如果这个问题得以缓解，很多事情都好办多了。

第三是文化消费。文化消费已经成为有经验的消费者越来越高的追求。这种文化消费，在我们自驾车、旅居车、营地这个行业，一定要体现出来。这个体现在两个方面。一个方面是从旅行到居住，到旅居，我们现在讲旅居，已经觉得很正常。旅居何意？实际上就是一种新的文化，需要我们不断地弘扬。另一个方面是从露营地到露营公园，到露营生活。在珠海横琴，我看了一个露营公园，面积并不大，但它是按照公园的概念来做的，是露营地和主题乐园两者的结合，这是一个方向。这种方向最对应孩子，对亲子游是最有黏性的。这两个方面的追求，就使我们的文化含量能够上一个大的台阶。

第四是品质性需求，品质性消费。向优质旅游发展，我很赞成，但这里却有一个问题，在我们这个行业，怎么体现优质。如果像做景区一样来做营地，不对；如果说像做博物馆一样来做营地，更不对。我们本身就有野奢在内，有自然的追求在内，所以品质性的追求，应该是另一种品质。除了一些基础性、标准化的东西要达到之外，更重要的就是服务品质。这个服务比其他的服务难度要大很多，因为客人在流动过程之中，客人在不断释放自我的过程之中，客人在大自然的环境之中，我们来满足这个消费，来提供我们的服务。这种服务品质，恐怕比任何一个行业的服务品质要求更高，要达到也更难。

十、在发展中提高

中国特色，从单一到复合。这种复合不是说一个小的机构也要复合。小机构聚在一起，可能聚成一个群，这个群就是复合。有些地方，就需要采取这种方式。比如搞一个营地群，产生的效果可能比一个营地的效果要好得多，因为它就形成了复合型的格局，能够全面地满足消费者的需求。

中国特色，从中国到世界。去欧洲的自驾游都开始了。有一次我碰见一个人，他在饭桌上绘声绘色地描述了德国的自驾游，当时桌上十个人，统统报名，说我们都得去，一个团；过了没几天，这一桌饭扩充到将近百人来报名，因为他描述得太动人了，确实如此。

中国人要走向世界，要有中国的文化自信。我们的文化自信体现在哪儿？我觉得最重要的体现，就在我们的出境旅游者。每年 1.3 亿的出境旅游者，中国人走遍世界，这不是一种文化自信是什么？在这个过程中，中国人的经验越来越丰富，素质也越来越高。我们讲文明旅游，有黑榜发布，这个我赞成，有些人确实素质低，但是我们从总体的概率来说，1.3 亿人千万分之一的概率，也算较低。

一个人能够自驾游，尤其能够长途自驾，没有点本事是不行的，没有素质更不行。自驾车旅游者代表旅游者的高素质，房车的运营代表了我们未来的方向，营地的发展代表了新的生活方式。我希望在这个过程中，自驾车露营产业作为幸福产业的创造者，美好生活的提供者，发挥更大的优势，来谋求根本性的发展。困难重重都是暂时的，只要有若干点突破了，协调好了，形成了实实在在的政策，爆发性的增长就会形成。

自驾游旅居车露营地现状及前景

刘汉奇　中国旅游车船协会自驾游与露营房车分会秘书长

摘　要：自驾游旅居车露营地发展已经进入一个成熟稳定的新阶段，政策支持、制度建设、标准化工作都形成了一定的基础。应充分利用好政策工具、行业组织，加强产业之间的互动和融合，解决存在的问题，建立起更完善的体系。

关键词：自驾游　政策　标准　融合

政策对房车露营的推动最早可以追溯到2009年。北京连续办过亚运会和奥运会，形成了一个亚运村和一个奥运村，当初这两片场所包括运动员住宿区是利用不足的，当时引起过一个话题，说国外办这种赛事包括欧洲杯的时候，都在赛场附近设立房车营地。运动员开着房车来，参加完赛事开走，原来的草坪还是草坪。我们不是这样的，建大量场馆和接待室服务众多运动员。2009年邓亚平曾提出，结合赛事活动应该发展房车露营地，因为她在国外参加比赛见得比较多。后来，在国家体育总局的汽摩联合会下面成立了汽车露营分会，动作也是比较快的。

一、国家政策支持

2013年以后，国务院陆续出台了旅游方面的政策和法规，很多重要文件里都提到了房车露营业态。政策层面推动比较快的是在2016年。2016年两会政府工作报告中提到了该项内容，在两会以后落实两会工作报告，原国家旅游局等11部委联合印发了《关于促进自驾车族居车旅游发展的若干意见》。自驾游和房车露营不是一个概念，自驾游是单独的一个业态，这个业态把以往的大巴车换成了自驾车，这个起步比较早，比房车露营的业态发展得要早。

2016年11月7日，当时的国家旅游局、国家发展改革委、工业和信息化部、公安部、财政部、国土资源部、环境保护部、住房和城乡建设部、交通运输部、国家工商总局、国家体育总局以旅发〔2016〕148号印发了《关于促进自驾车旅居车旅游发展的若干意见》。国外的营地都是房车营地，但我们感觉，露营地单独为房车服务的话，很难生存。结合自驾游发展的现状，我们把营地改成了自驾车旅居车营地。2016年，原国家旅游局第一次就房车露营地这个主题开展了工作推进会。汪洋副总理是当时分管旅游的副总理，他还亲自到北京延庆的露营地做了调研。这个调研以后国务院专门开了一个常务会，其中提到房车，还有驾驶证管理的改革问题，探讨C1驾照是否可以开7～8米的房车。在探讨这个问题的时候，主要是公安部在说，谁也不敢开这个头。这也是因为咱们的房车保有量太低，人群没有那么庞大，呼声还不够强烈，所以后来这个事就拖延下来了。

2016年9月22日，当时的国家旅游局、公安部、交通运输部、国土资源部、住房和城乡建设部、国家工商总局六部门办公室（办公厅）联合发出《关于加快2016自驾车房车营地建设的通知》，并同步发出514个营地建设的项目表，原国家旅游局督办。现在很多列在上面的营地已消失，还有一些是根本没有建立起来。目前，我国露营地发展速度很快，已经达到了900多家，其中有400多家在建的，400多家规划建设的，实际投入运营的应该是600家左右。

交通部门提出交通设施要全面向旅游开放，包括高速公路的服务区。现在一些高速公路服务区开始为自驾车房车服务。在重庆，有四个高速公路服务区在做自驾游接待中心，而且做得非常好。这其中车流量比较大的服务区才能去做试点。国道、省道有条件的地方要建服务区。原来并没有服务区的概念，这是交通旅游融合发展的结果。

二、标准化建设

2015年，国家标准化管理委员会发布了《休闲露营地建设与服务系列标准》，其中包括“自驾车露营地”内容。这些标准是2014年立项的，起草时间一年。这些标准在营地发展中发挥了重大的作用。南京的汤山露营地就是一步一步按照这个标准做的，符合市场需求。

自驾游业态发展很快，也暴露了一些问题。我们制定了《自驾游目的地基础设施和公共服务指南》，是通过旅游标准化技术委员会立项的。这个标准适应全域旅游的需要。全域旅游不是景区旅游，对旅游目的地提出了很多基础设施和公共服务的要求。

现在的标准分为国家标准、行业标准、地方标准、企业标准，还有一种团体标准，就是你做的标准对社团的会员起作用。以后很多行业标准要从团体标准转过来。贯彻落实国家和行业标准，是我们推动工作发展的核心任务。

三、行业组织推动

协会的推进作用对于房车露营和自驾游很深刻。大家习惯于对酒店、旅行社和景区的管理，而刚出现的新业态没有一个部门来对应。这在各地的旅游管理部门都是这样，所以这给了旅游协会很大的空间。

现在的自驾游房车露营的全国性的行业协会主要有汽车工业协会、汽车流通协会、汽车摩托车运动联合会、中国旅游车船协会。这些社团是全国性的正规行业组织，在民政部的网站上都可以找到。其他的还有一些在民政部网站上找不到的“山寨”社团。

目前全国有28个省区市设立了省一级的自驾车房车露营方面的协会，各个地市有200多个建立了自驾游露营协会。协会之间要有工作配合，全国性的四个自驾游露营相关的行业协会在工作中都相互支持与配合。

四、综合效益

目前我国房车保有量是7万台左右，里面有3万多台是有车牌、上路跑的，按照车的型号有黄牌、蓝牌，还有3万多台房车是趴在营地的。房车对经济的拉动力很大，每500台产量就可以拉动直接就业800 ~ 1000人，达到四五百万元的产值。与国外比，我国有充分的市场空间。

现在我国的经济体量上去了，每年汽车销售2000多万台，连续3年世界排名第一。我们营地数量还不到1000个。美国的营地有16000多个，日本是1500多个；美国房车保有量是超1100万辆，这就表明房车露营业态发展的空间是非常大的。虽然我国房车露营业与国外相比尚有很大的差距，但随着经济发展，这个差距会越来越小。

五、存在的问题

我国房车露营业还有一些问题没有解决。一个是露营地的用地问题，还有一个是露营地的企业性质问题。虽然在推动，但这两个问题现在还没有彻底解决。

要拉动露营地发展，政府需要把基础设施做好，国有企业也有这个责任。政府有义务让老百姓享受改革开放的成果，享受经济发展的成果，所以要加大政府公共投资。露营地建设能够有效拉动房车产业，像通过修公路发展汽车产业一样，露营地建好了，就把房车产业链拉动了。

露营地的运营管理问题，一个是没有摆脱度假村的形式，另外一个是受季节影响很严重。露营地的运营管理，一定要强调综合收入，要解决露营地的导向问题。

2016年的“148号文件”提出要制定自驾游目的地的相关标准。自驾游目的地必须要有露营地，然后因地制宜做好水电气以及垃圾处理等。以往政府支持露营地建设就是给奖励，现在很多地方政府要把管网和水电设施建好。为露营地解决管网和基础设施，甚至包括道路，这个比奖励几百万元更重要。

“148号文件”对于露营地的用地要求，打破了之前露营地用地必须是旅馆用地的规定。露营地用地中有一类是公共服务设施用地，可以与农村公益事业用地合并，依法使用集体建设用地。

政府要加大对交通、环卫等基础设施的投入。很多营地的厕所是按照旅游厕所来建设的，露营地门前的道路是按照公共道路来建的。如果政府资源用到最佳，露营地的投资压力就会小很多。露营地一定要充分利用政府对基础设施和公共服务投入的资金。例如旅游厕所革命的资金，可以争取，露营地门前的道路、停车场，可以用政府对基础设施的资金。我们要充分理解政策，把政策用足。

露营地和房车发展很快，房车有了，露营地有了，缺的是什么？缺少房车运营平台。把房车丢在营地里，它永远是死的，一定得把房车运营平台建立起来。运营平台拿大家的房车来做运营，建立有效的客源导入机制，让闲置的房车充分利用起来。

六、多管齐下抓发展

2018年4月19日，文化和旅游部、财政部印发了《关于在旅游领域推广政府和社会资本合作模式的指导意见》（文旅旅发〔2018〕3号），列了9个重点：旅游景区、全域旅游、乡村旅游、自驾车旅居车营地、旅游厕所、旅游城镇、交通旅游、智慧旅游等。

这九个业态都和自驾游、露营有关系。很多乡村旅游都是用露营地模式在做农家乐的升级。全域旅游、旅游城镇，包括康养旅游，很多是以露营地做基础。很多露营地沿着旅游景区和旅游公路做。陕西的华山旅游集团，基本上是沿着景区做营地。途居露营的策略也是沿着景区做露营地的布点。这都是比较成功的案例。我们要充分利用PPP模式来支持露营地发展。

七、露营地运营突破

要把露营地运营从度假村模式里面解脱出来。解脱出来的方式有多种。

一个是把户外运动引入露营地里面来。包括拓展、户外教育、自行车骑游等。体育、康养和青少年项目也要引进来。俱乐部是集中玩家的一个机构，它会把客源带起来，所以露营地要和俱乐部结合。有的露营地修越野车赛道，不如请俱乐部帮你修，这样客源也带来了。

做露营地不光是有项目，也要有俱乐部资源，还要增加有效运营时间，拉长旺季，减少淡季。北方的露营地可以做冰雪项目，不一定需要自然雪，人工可以造雪，例如延庆的龙湾露营地，上了冰雪项目以后冬季运营的情况好了很多。

还要增加二次消费项目，增加活动性的收入。二次消费的比重做到 50% 就非常好了。好的露营地第一要有主题，第二个要有充分开发的二次消费。露营地之间要建立网络，资源共享、客源共享、产品共享，通过整合、分工，提高运营效率和经营效益。

在从观光游到休闲游的时代，自驾车、旅居车、露营地是全域旅游的重要载体，是政府支持投资的重要领域，要把政策用好，建立可持续的经营体系，探索中国特色的自驾游、露营发展模式。

中国旅游发展模式下的露营旅游

张　辉　北京交通大学教授

摘　要：中国旅游模式和空间形态发生了很大的转变，在全域旅游等背景下，实际上形成了旅游化的发展方式。露营旅游在新背景、新形态下，需要转变模式按照露营自身的规律和需求来发展，而不是走回观光旅游的老路子。

关键词：旅游模式 露营旅游 空间形态 转型创新

露营旅游这几年发展得非常快，有管理方面的因素，有技术方面的因素，也和我们国家的整个发展模式有关。从我国旅游发展的模式角度往露营旅游切入，对解答露营旅游为什么这几年非常火，露营旅游未来发展方向应该往哪儿走，就更清楚。

一、之前的旅游发展模式

我们国家的旅游是一个非常独特的现象。我国旅游业严格来讲是在 20 世纪 80 年代发展起来的，当时并没有把它作为一个产业，也没有把它作为一个重要的经济现象来认识，而是放在对外开放的一个大背景下来认识的。当时的旅游业，在中国的社会环境中是不可能存在的。当时，我们的劳动力低下，国民收入还很低，不可能产生大量内生的旅游需求。但旅游就是在这样一个环境下发展起来的，当时的旅游并不是为解决国民的需要而出现的。

在 20 世纪 70 年代末，特别是党的十一届三中全会确定了一个发展路径，就是从以阶级斗争为纲转向了以经济建设为中心，打开国门对外开放，对内搞活。所以改革开放首先是放开，再是开放。也就是说对内是放开，对外是开放。在这样一个环境下，邓小平同志确定了总的方针路线但这有两个难题。

第一个难题，你要开放，要吸引国外的资本来中国做生意，打开国门，前提是老外必须了解中国，不了解中国谁敢到中国投资。之前的社会环境是什么样呢？国外不了解中国，中国也不了解国外。我们认为世界上还有 2/3 的人处于水深火热之中，老外认为中国是三个人穿一条裤子，完全是信息不对称，在这样一个环境下怎么开放。所以必须选择一个通道或者路径，让老外来了解中国。这个路径，中央算来算去选择了旅游，通过接待自费来华的旅游者这样一个通道，让外面的人来了解中国社会环境的变化。

第二个难题，我们以前搞阶级斗争，导致制造业生产力很低，所以必须吸引国外的先进技术和装备来配置国内。要配置，要引进，前提是有支付能力。在当时不能拿人民币去买它，在世界货币美元体系下，引进能力取决于你的外汇储备。那时候中国的外汇储备很少，1979 年全国的外汇储备只有 8.3 亿美元，也就是买 10 架飞机。要开放，必须要创造一个获取外汇的通道。通过制造业出口？我们制造业很落后。通过能源资源出口？我们国内经济建设也需要。算来算去还是旅游。旅游当时直接换汇。所以，当时流行一句话叫旅游搭台贸易唱戏。

由于旅游关系到邓小平同志对外开放成败的两个前提条件，所以当时发展旅游是要人给人，要制度给制度，要政策给政策。在 20 世纪 80 年代是什么样的社会环境？叫计划经济一统天下，公有制牢不可破，农民当时在自留地种点小白菜拿到市场上卖都叫投机倒把，但是旅游是可以搞外资的。中国第一家外资企业就是饭店，当时像这样的项目是副总理亲自批，跟安徽的小岗村改革是一样的。中国的改革开放是从旅游开始走出去的。当时国务院总理是赵紫阳，国家旅游局局长是韩克华，赵紫阳对韩克华说，如果国家旅游局到 1989 年创汇能达到 50 亿美元，这是一个很了不起的胜利。然后总理赵紫阳就说，我承诺两条，第一条给你开庆功会，第二条让国家旅游局升正部。

所以总理一句话，当时的国家旅游局调动所有资源，大干苦干，到 1984 年年底就创汇达到了 50 亿美元。庆功会开了，但正部级因种种原因没升。

这样一个例子说明当时的旅游扮演着非常重要的角色。

出身决定家庭，就形成了我们的旅游发展模式。有一段话，就是以入境旅游为重心，以旅游线路为依托，以主要景区为主干，以观光旅游为核心，以旅行社为运行方式，以获取外汇为目的，构建出中国旅游发展的一个模式。这个模式坚持了将近 40 年，走下来了。我们把它叫作一种小旅游的模式，无论从市场、空间，还是从旅游产业范围，都是一种小旅游的模式。这样一个模式进入到新阶段以后，就要发生变化了。

二、旅游发展模式演变

第一，我们市场变大了。在 20 世纪 80 年代，中国旅游市场主要是外国人，但进入到 21 世纪以后，国内旅游、出境旅游，发展极为迅速，这种发展速度世界各国都没有料想到。世界旅游组织在 1997 年做过预测，预测 100 多个国家到 2020 年在旅游经济位置上的变化。当时预测中国到 2020 年是继美国、德国、日本之后第四大出境国，没想到我们 2002 年就超过了日本，2005 年就超过了德国，2008 年超过了美国，到 2017 年，中国的出境旅游达到了 1.3 亿人次，日本同年出境旅游只有 2800 万人次。我们的国内旅游，严格意义上来讲真正大规模启动是 1999 年的“十一”黄金周，发展到 2017 年，国内旅游达到了 50 亿人次。市场变大了，再用小旅游的模式应对这样一个大市场，显然是力不从心了。

第二，我们的旅游形态变丰富了。在 20 世纪 80 年代，包括 90 年代，支撑中国的旅游形态主要是观光旅游。进入 21 世纪以后，在保持观光旅游发展的同时，度假休闲、商务旅游、研学旅游，各种旅游形态发展极为迅速，特别是度假旅游，发展极为迅速。当一个旅游形态从一种形态到另外一种形态，不仅仅是一种产品的演变，背后是一系列的空间组织和产业组织的调整。比如观光旅游，空间就是景区。观光旅游的组织者我们把他叫作店主，就是旅行社。观光旅游的接待基地就是星级酒店。但是你一玩度假旅游、休闲旅游，这些东西就都没有了。谁度假到景区度假？谁度假通过旅行社？谁度假住星级酒店？因此空间形态和产业形态都发生了演变。

10年前，世界旅游组织做了一个规划，提出海南的旅游要从观光旅游向度假旅游转变，当时我说我同意世界旅游组织这个判断，海南就应该从观光旅游向度假旅游转变。但是我想，我们的旅游还是观光旅游的路子。由观光旅游向度假旅游转变，从商业模式上来看，是有道理的。观光旅游叫白天动晚上静，而度假旅游恰恰相反，是白天要静下来。但你只有让客人动起来，一会儿是潜水，一会儿到这样的景区，一会儿到这样的购物点，你才能有大量的收入，它的商业模式就是这样。这种商业模式很难适应度假旅游。所以为什么这几年随着度假旅游，随着自驾游发展，旅行社扮演的角色反而越来越多。

整个产业组织要发生演变，携程这样新生代旅商发展极为迅速，当阿里巴巴、百度加入进来以后，对传统的旅游组织会产生极大的变化。我敢推断，未来五年真正掌握中国旅游的可能不是携程，可能是阿里巴巴，可能是百度，可能是腾讯。因为我们进入了一个大数据时代。只不过它们现在还未过多涉及旅游。

空间形态也要发生演变。你要玩度假旅游，没有营地怎么玩，没有度假村怎么玩，没有旅游小镇玩什么，没有度假酒店那怎么来支撑度假旅游呢？要玩休闲旅游，那就必须有旅游城市，必须有旅游街区等空间形态。用小旅游的发展模式应对这种丰富的旅游形态，显然是力不从心了。

我们中国的自驾车旅游者是很惨的。我们本来是通过自驾车这种形态玩自驾旅游，但是我们往往把自驾车变成了一个交通运输工具。我们去的地方还是景区，中国旅游车船协会做了统计，50% ~ 60% 的自驾游还是到景区，这跟欧美的自驾旅游完全不是一回事，因为我们没有营地。当整个旅游形态发生变化，对应的供给，无论是产业供给，还是空间供给，都应该有所变化。

中国旅游现在已经从体力旅游向技术性旅游转变，比如滑雪、滑翔、航空、登山，光靠体力完成不了，必须要掌握一门技术。技术性旅游消费现在已经出现了，但技术性旅游消费配的是什么东西呢？空间形态必须有基地，没有基地，光有景区能解决这个问题吗？景区的人员是导游员，基地的人必须是教练员，这就形成旅游技术性消费，这是中国旅游产业转型的最重要一个方面。滑雪爱好者或者登山爱好者的消费水平，所辐射的产业链，远远比观光旅游大多了。比如滑雪，服装配全没有七八万元下不来。考个航空驾照得十几万元、二十几万元。王石同志想在有生之年把世界上海拔 5000 米以上的山都爬完，他一年的登山费是 2500 万元。当一个旅游形态发生变化，随之空间形态、产业形态，包括商业模式也都在演变，所以中国旅游开始从小旅游向大旅游演变。

三、旅游空间的演变

我们以前一直谈中国旅游要从小旅游向大旅游转变，但是说了十几年，转起来很困难。大旅游如果没有空间的依托是难以发展起来的。旅游是一个空间消费，是寻找非惯常环境，老百姓说旅游是从你待腻的地方到别人待腻的地方。2018 年新组建成立了文化和旅游部，说出一个词叫“诗与远方”，代表了文化与旅游的核心。实际上这段话也可以这样理解：在观光旅游时代，说诗和远方是 OK 的；但在休闲度假时代，这实际上是一种生活状态。

空间依托是非常重要的，因为人们要寻找一个非惯常环境。比如北京人很少把西安作为一个旅游目的地。西安是古城，北京也是古城，为什么还要到西安去。因此北京人选择两南——云南和海南。北欧人选择旅游目的地时往往选择东南亚，就是要寻找非惯常环境。最近这几年乡村旅游的 2.0 版发展很快，吃农家饭，干农家活，睡农家炕，这是 2.0 版的乡村旅游。农家菜就那么好吃吗，也不是，就是因为在城里待了四五年，我通过一个空间变换想寻找一个非惯常环境。所以旅游是一个空间消费。

既然是空间消费，旅游不但产业层面要发展，空间形态也必须发展。我们说中国旅游从小旅游向大旅游转变，但空间形态基本上还是依托景区形态，就导致问题很大。这五六年时间，出境旅游大规模发展，说明什么问题。一个国家出境旅游大规模发展，说明这个国家的国内旅游出了问题。国内旅游的产品形态、服务方式、运行方式，不能满足国民旅游需要。从小旅游向大旅游发展的过程，我们可以真正看到，中国的旅游发展模式是存在一些问题的，必须有一个大的转型，甚至来一次有力度的革命。

这就形成了一个新的旅游发展模式，我们把它叫作大的旅游发展模式，或者叫作旅游化的发展模式，也是文化与旅游部提出的，包括全域旅游发展模式。

四、新时期的新模式

这几年中国旅游发展进入一个新的发展模式，从小旅游向大旅游转变，从小空间、以景区为重的空间向一种目的地方向转变，形成新的发展模式。这种新的发展模式可以从多个方面来看。一个方面，从整个社会经济发展的大背景来看，我想它是机遇期。新常态实际上就是三期叠加，第一是经济增长速度的换挡期，第二是经济结构调整的缓冲期，第三是前期改革的深化期。改革开放 40 年，特别是 1978 年到 2008 年这 30 年间，中国保持高速度增长，年平均增长速度达到了 9.5%，这个成绩在全世界是非常罕见的。发展到 2017 年，我们整个国家的 GDP 达到了 70 万亿元人民币，换算成美元大概是 11 万亿美元，美国现在是 18 万亿美元。

按照经济学和统计学规律，当一个国家的体量发展到一定程度，由于基数很大，增长速度必然要下来。从 1 增加到 2，增加 1 个绝对值，增长率是 100%；从 2 增加到 3，增加 1 个绝对值，增长率是 66%；从 3 增加到 4，增加 1 个绝对值，增长率是 25%。随着我们基数的扩大，每增长 1 个百分点所包含的绝对数是一个很庞大的值。11 万亿的基数，如果我们还是保持 10% 的增长，一年要新增 1.1 万亿美元，1.1 万亿美元什么概念，相当于欧洲中等面积的发达国家一年的 GDP，一年产生一个瑞典，一年半可以产生一个意大利，两年可以产生一个德国。所以世界各国看中国挺害怕的，你增长速度不可能保持这么高。李克强总理在答记者问时，举了这样一个例子，他说原来在河南做省委书记的时候，经常到少林寺，少林寺有老和尚，有小和尚，老和尚的水平很高，翻三个跟头气喘吁吁，小和尚水平不怎么样，但是跟头能翻十几个。发展到一定程度，你的增长速度必然下来，现在 6.5% ~ 7% 的增速也是很厉害的。美国现在只有 2.3%。按这样的速度，2025—2030 年，我们的 GDP 会超过美国。增速下来以后必然给社会带来一系列问题，比如就业、投资等。跟我们开车一样，原来挂的五挡突然变成三挡，车要咯噔一下，这就叫增长速度的换挡期。

还有一个经济结构调整的缓冲期。在 20 世纪，由于劳动与成本问题，发达国家有一个普遍的冲动，要把非核心技术的制造业转移到劳动力相对便宜的国家，以保持企业高速增长。因为劳动力很贵了，在产业链的低端，非核心制造业转移到劳动力相对便宜的国家，这样可以保持速度。像苹果公司，生产基地全部放到中国、印度其他国家去，自己搞研发就行了，保持高速增长。这种转移，在全世界可选的国家只有两个，一个是印度，另一个是中国，都是人口大国、发展中国家。要感谢邓小平，如果我们开放晚了十年，这个盘就让印度去接了，那印度可能成为世界上第二大经济体。邓小平同志率先在 14 个沿海地区布局，中国的经济发展第一桶金就产生了。

当然这样就使得整个中国经济沿着一个思维定式走向，就是以制造业为核心。从省到县，都发展制造业。这样的一个模式走下来，走到 21 世纪以后，我们发现中国劳动力也不便宜了，用李克强总理的话，中国的人口红利没有了。在 20 世纪 80 年代深圳招个工人，花 300 元就有很多人，现在 3000 元、6000 元都不能招下来。因为住房成本、福利成本、教育成本已经居高不下。深圳的房价已经逼近香港，哪有人口红利。劳动力不便宜了，发达国家凭什么要在这儿建厂。

发达国家把一些低核心技术制造业转移到发展中国家，自己致力于科技研发，也就是产业链的高端，但他们移民政策又没发生变化，在高福利支撑情况下没有问题，但到 2008 年金融危机，福利缩减很大。低端劳动力开始闹事，在美国来讲，民族撕裂出现了。他们没活干，原来有福利，现在没福利了怎么办。特朗普就在这样的环境里上台，他的核心思想是美国优先，再工业化，把原来迁出去的厂再迁回来。特朗普在美国低层次社会阶层威信很高。再以制造业为核心来推动中国，失去了海外的市场基础。所以我们提出经济结构调整。从以制造业为核心调整到以科技业、服务业为核心，这有一个过程，没有五六年是下不来的。

中国经济进入新常态，中国旅游还在常态发展阶段。当这两种形态并行，就有大量资本和技术涌向旅游。2016 年，原国家旅游局在北京召开了国有银行融资旅游大会，国有五大行行长全部到齐，自己做 PPT，上台发言。我在底下想，5 年前你们会来吗？当年下半年国家旅游局和四川人民政府在成都召开的民营资本投资旅游大会，无数民营企业家参加。我也想，5 年前你们会参加吗？

中国旅游业前几年是劳动和资源推动，现在可以看到资本和技术推动。最明显的就是资本和技术搅动旅游业，能把旅游从业人员的工资炒起来。如果没有资本进来，我们不可能去玩营地，也不可能玩基地，只能玩些传统的旅游业。资本一旦进来，各种的空间形态，甚至各种的产业形态开始在资本驱动下发生巨大变化，这使得中国旅游必须从小旅游向大旅游转变。如果这些资本再去投景区、旅行社、酒店，那显然是不行的。现在全国酒店还处在微利阶段，全国旅行社惨淡经营，除了个别景区，80% 的景区是不赚钱的。

宏观形势变了，如果能抓住这个新常态，旅游业就可以“玩”一把，就可以利用这样的一个千载难逢的市场机会完善我们的体系，提升我们的品质。

新旅游发展模式提出，不仅仅是因为经济环境，还有市场背景，以及需求类型转型升级的要求。想转型必须用各种空间形态来支撑不同的旅游形态，要用各种不同的产业形态来支撑旅游需求形态，甚至要用不同的商业模式来支撑旅游形态。现在自驾游，包括营地的商业模式，还没有找出来，还是在用观光旅游的模式来做自驾旅游，来做度假，来做休闲。实际上这都是门票经济的变形。

五、旅游化发展方式

新的旅游发展模式，实际上就是一个旅游化的发展方式。中国从宏观上来讲，是沿着一个工业化的思路走下来的。当然没有工业化，没有城镇化，中国社会经济不可能成为世界上第二大经济体，但是工业化也有负效益。两个负效益应该引起注意。

第一，工业化可以把城市经济做起来，但是难以做强乡村经济。工业化的过程就是剥夺乡村资源的过程。就看中国的春运吧，快到过年的时候大量城市人口回到乡村，快到正月十五，大量乡村人口回到城市，这种现象在全世界唯独中国有。当然坏事可以变好事，有了春运，产生了伟大的中国高铁。工业化的过程是剥夺乡村资源的过程，农村现在成了空心村、空心户了。工业化可以把农业保留下来，但工业化绝对不能把农村这种形态保留下来。

第二，工业化可以把沿海经济做起来，甚至把一些平原经济做起来，但是难以做起山区经济。现在 14 个重点连片的扶贫经济区，秦巴山区、太行山区、武陵山区、大兴安岭，都是山区。从企业的投资角度来讲，愿意在沿海、平原地区投资，可以降低建设成本。贵州和广东，在开放前差距就很大，一开放越拉越大。但这五年，两化推进贵州发展，一个是信息化，另一个是旅游化。一下做起来了，贵州这五年 GDP 增长速度一直名列前茅。

中国即将进入后工业社会，在保持工业化发展的思路情况下，会不会还有另外一种发展思路呢，可能这个就是旅游化的思路。通过旅游化，我们的山区可以不走工业化之路来推动区域发展。像贵州搞工业不灵，但是搞旅游灵，无论是景观价值、环境生态，还是气候条件、资源条件，相对于大城市的吸引力太强烈了。我们乡村搞工业不行，但是搞旅游好，农民不离开自己的土地照样可以获得劳动性、资本性和经营性收入。这样的例子在全国太多太多，所以说中国旅游最大的市场应该是乡村旅游。这就是习近平总书记所说的，绿水青山就是金山银山。但是绿水青山不能直接等于金山银山，中间必须有一个转换器，这个转换器可能就是旅游化。

第一，消费的旅游化过程。人们在满足基本消费的同时，汽车也好，住房也好，饮食也好，把越来越大量的钱财投入到了旅游消费。中国出境旅游人群以老头老太太为主力，子女为了孝顺父母，自己没时间，就让老人每年出去转转。用于旅游的消费比例越来越大，这是消费旅游化。

第二，空间的旅游化过程。现在一个城市每年出游的人数越来越多，接待的外来旅游者越来越多。

第三，产业的旅游化。越来越多的产业借助于旅游消费这个平台来创造自己的商业机会、商业模式。在 20 世纪 80 年代，旅游就是旅行社走遍景区，现在说旅游业能说清楚吗？再比如营地，现在都是自己在玩，未来的营地可能是汽车总装厂在玩。汽车在升级换代，现在城市的居民，特别是 80 后这些孩子，把家用轿车变成了具有越野功能的SUV。用这个车在北京游，那是糟蹋资源，最好的用法是在旅途中。

以后城市的4S店有可能搬到旅游区了，比如说奥迪在东北或者是内蒙古建一个集汽车文化、汽车体验和汽车度假于一体的汽车营地，旅游者在那儿慢慢体验，体验完了以后回到城市，那他再买车或者换车会用什么品牌呢？

类似这样的问题就是一个旅游化的过程，就是越来越多的产业，包括工业、商业以及其他行业，借助于旅游提升消费。旅游消费太庞大了，2017年是50亿人次。如果按照世界发达国家的平均水平，一个居民大概一年国内旅游10次，我们一年就要达到140亿的国内旅游者，谁能抓住这140亿的国内旅游者谁就抓住了未来。

全域旅游的核心问题不是把旅游做大，而是要借助旅游提振消费，把其他产业的附加值做强。通过旅游，文化价值起来了，因为文化演艺借助旅游形成了旅游文化。很多的手工业原来不挣钱，借助于旅游化挣钱了。借助于旅游观光，衍生出的产品超过了它的门票价。行行业业借助于旅游消费这个平台把附加值做起来，这是全域旅游特点，也就是旅游化。

六、露营旅游新形态

露营，从历史上来看，可能是在最初的远古时期，也就是人们在游牧阶段形成的。露营进入到现代人的生活中，可能最早产生在美国。我们一般把露营称为野营，最早是在游牧阶段、狩猎阶段、迁徙阶段或者军事活动中形成了野外住宿的场所。当进入到工业社会以后，工业化发展带来一系列社会问题，人们开始回看生态，特别是伴随着汽车工业发展和汽车普及。回归自然最好的形态就是露营，到景区旅游不是回归自然。真正的回归自然、返璞归真，最好的形态就是露营。从这个角度来看，就可以理解露营这种形态往往产生在工业化程度比较高的国家和地区了。

随着我们国家工业化发展，这种旅游形态是最有生命力的。当然我们目前的露营，包括露营地建设，还没有走到这种形态上，还是围绕着景区来构建露营地的布局。再过 10 年，恐怕要推倒重来了。露营这样一个形态对应的不是景区，对应的是一种自然环境和自然生态。从我们国家露营地发展的布局上来看，未来最有影响力或者最有竞争力的露营地，是位于经济比较落后、没有经过大规模工业化洗礼的地区。我认为可能是在 14 个重点连片扶贫的山区。从生态的角度来看，这样的地区大规模的工业化较为困难，大规模的旅游开发也有难度，但是露营这种形态，对这些地区的社会发展会有重要作用。旅游扶贫最好的形态可能就是露营，从露营的演变和露营的本质上来看是这样的。

因此有一个潜台词，露营地必须要对原先的建设空间有一个颠覆性的变化。要通过露营地建设，重新建造我们露营的空间，创造新型的旅游空间形态，而这种空间形态绝对不是我们所说的度假区，也不是我们所说的景区，而是要重新围绕露营旅游而形成的一种空间形态。我们很多露营地没有这样的感觉，没有这样一个深度体验的感觉，没有回归自然、返璞归真的感觉和体验。我们还是在大城市周边，在景区周边，在人声嘈杂的地方来建设营地，当然这可能是营地发展的最初阶段。

这种旅游形态随着工业社会的发达、城市化的发展、汽车的普及，以及个人收入增长，保持着旺盛的发展势头。它往往是中产阶级选择的一种旅游形态，这从整个社会的演变可以看出来。真正的露营旅游的形态发展是在 20 世纪 30 年代，经济大萧条时期，美国出现了这样一个形态。随着国家高速公路体系的建成，风景道和露营基地快速发展。现在美国 1/3 的旅游住宿设施、1/3 的旅游时间和 1/3 的旅游土地，是以露营的形态存在的。我们国家大多还是集中在景区上。

露营基地的发展伴随着露营需求增长和露营品质的提高。露营基地的设施，设备也在不断提升。营地建设从原来最先为露营旅游者提供停泊驻扎的场所，提供必要的生活服务设施，如水电浴厕垃圾污水处理等，开始向综合性的露营度假服务方向转变。这种转变体现在美国和欧洲。

从露营度假旅游的本身来看，它属于一个高消费型的产品。它的滞留时间长，在美国一般是在一周以上，所以餐饮、住宿、购物、娱乐等综合性消费水平要比一般度假旅游、观光旅游高，它的衍生服务和衍生产业链也比传统的旅游形态要高。特别是它会带动一些户外装备产业的发展，对整个旅游业的促进作用是很大的。

七、我国的露营旅游

从我们国家来讲，露营基地建设是伴着自驾游而出现的。我们的自驾游简单说就是自己驾驶汽车出游，把自驾车作为主要交通手段的旅游形态，但还没有到露营这种形态，因为有政策和制度的限制。像房车，虽然相关部委有政策，但是在地方还存在很多障碍。现在自驾游还是以驾驶轿车、越野车为主。房车在我们国家有发展，但是普及力度不如国外。

不是以房车形态出现，所以我们的露营味道还是比较淡的。从中国旅游车船协会的报告来看，人们主要还是驾着自己的车去景区，还不是真正意义的露营旅游形态，还处在一个初级阶段。在基地建设、营地建设、标准、规划、土地、管理、经营等问题上，还在探索，既包括政府层面的探索，也包括市场方面的探索。从旅游的形式上来说，自驾旅游是一个最自由的形态，它最具有选择性，是体现个性化的旅游形态。这种旅游形态往往是和露营度假联系在一起的。

从现实来看，自驾旅游还停留在休闲和观光阶段，在目的地选择上还是比较趋向于短距离的风景名胜地。露营文化和露营消费、露营的链条，还没有完全建立起来，营地还处于亏损状态，商业模式也没有形成。这些和我们露营旅游不成熟有关。这里有一个如何引导露营旅游文化的形成和露营消费习惯的养成问题。我们旅游发展模式惯性太强了，一到节假日，还是选择景区，这点和成熟的发达国家的露营旅游存在着明显的本质上的区别。

我们的自驾车旅游者和普通的游客没有多大区别，还是喜欢游览景点，只不过是把交通工具由火车、飞机，换成汽车。自驾游独有的娱乐方式、消费方式以及度假方式，在我们国家还没有充分体现出来，这是现状。包括营地建设，我们仅仅关注硬件建设，没有关注独特的娱乐方式是什么，消费方式是什么，住宿方式是什么和度假方式是什么。

我们旅游者的选择还是受我们旅游文化的制约。如果我们的旅游文化还不能支持我们现在的露营发展，那我们就再晚一点；如果是旅游者无奈的选择，那我们就要引导市场或者是引导投资，甚至去影响政府，来完善我们的露营建设。现在还很难判断出来，是中国的旅游文化问题还是旅游者无奈的选择。

中国的旅游者爱扎堆。这几年中国入境游下降，因为中国人爱扎堆，老外不愿意扎堆。这是两种旅游文化。当然我们现在慢慢养成一种度假的旅游方式，但仅仅在形成，还没有完全形成。现在我们的民宿、主题酒店开始形成了，这就是应对度假旅游形态。如果真正是旅游者无奈的选择，那我们就要思考能不能创造新型的营地空间。

从旅游发展和演进规律来说，自驾旅游的多元化是一个趋势，探险、野炊包括野营等以露营体验为核心的旅游形态，肯定是自驾游的方式。要满足这种生活方式必须有特定的空间形态来支撑。这种空间形态最重要的就是营地。营地是什么样的形态，就会促使自驾游有什么样的形态。

八、营地的前景和优势

营地，是指在自驾车的旅游线路上，依托于旅游交通干线和风景优美的景点，或者在旅游景区的附近有一定场地设施条件，可以为自驾车爱好者提供自助和半自助的服务。有的营地有户外运动，包括多功能的各种设施。这是中国营地现阶段的一个概念，就是依托主要旅游线路，甚至还要依托主要的旅游景区来建设营地。当然这个营地的建设基本上不是露营概念，是围绕着观光旅游形成的一种空间形态。

这种形态我认为不符合露营发展的需要。实际上还是一种观光旅游形态的支撑。我们下一步在营地建设方面要注意四个问题：第一个是露营文化创造，中国露营文化到底是什么文化，这种文化创造决定了露营的方式，甚至对于基地建设的空间布局都会产生很大的影响；第二个就是露营的相关政策落实；第三个是露营基地的建设；第四个是露营公共服务体系构建。

从市场发展来看，露营不仅符合中产阶级旅游需要，同时也是技术性消费的表现形态。露营发展很容易和基地、技术性消费联系在一起，比如航空、低空、滑翔等。无论从消费层次还是消费水准来看，露营都是最有前途的一种旅游形态。有人判断，中国露营行业按照现在的发展速度，10 年后每年近 2 亿规模的露营旅游者，将产生每年 2000 亿元的直接旅游消费。这个统计数据还是有依据的，再加上下游产业的拉动和成熟效益，中国露营行业的产值可以上万亿元。这样看露营可能是中国旅游的一个新增长点。

为什么有这样的判断？因为营地有多个优势。第一个，露营旅游产业链优势，相对于其他旅游形态，露营旅游不但含有六大要素，同时由于户外活动、露营装备等特点，它的衍生产品范围相对于度假旅游、休闲旅游和观光旅游来讲，要大得多。观光旅游产业链很短，度假旅游产业链稍微长一点，但是这些都不如露营旅游的产业链长。

第二个，露营旅游对旅居车工业会产生一个很大带动作用。相关部委的文件对旅居车有所放松，下一步地方怎么去落实，细则怎么出现，比如说车的长短规定，驾照的规定，对房车发展会产生一些影响，房车继轿车、SUV 以后，能够成为新的增长点。

第三个，露营旅游关键是可以催生新兴地产。现在很多投资商之所以对营地建设热衷，关键看重了它未来地产的升值空间。从旅游的发展来看，将来最值钱的地产不在城市，像世界上最贵的房不在纽约，而是在阿尔卑斯山。由于阿尔卑斯山山脉别墅价格很高，所以很多中产阶级都买不起，所以才产生了分时分权度假体系。一旦这个露营地活起来，它是一个很优美的环境，可以带动新兴地产的发展，可能是继度假地产之后的新地产形式。

第四个，露营旅游可以带动户外用品的需求。通过这几年的数据可以看到，很多户外用品的销售旺盛，各大品牌在中国增长很快，国内品牌增长也很快，特别是在景区型露营地，比较发达地区的增长速度更是惊人。

第五个，露营旅游会对品质旅游提出更高的要求。我们把观光旅游做大，甚至把度假旅游做大，露营旅游千万不要再做大，因为露营旅游是一个品质旅游。在露营地的建设和露营的收费方面，能不能体现中国的品质旅游，能不能维持一个相对好的价格，这一点很重要。比如中国的高铁，刚刚运行的时候大家都说这个价格高。运行了五六年下来，谁还嫌价格高。如果一开始把高铁做大，那么高铁就成为普通列车了。现在高铁成为很多中产阶级出行选择的方式。如果我们把露营地也做大，那么中产阶级也会丧失兴趣。我们必须要思考这样一个问题。

第六个，露营旅游可以推动旅游和文化创意、娱乐产业的融合。怎样通过露营旅游发展来创造新型的旅游方式和文化方式，是一个需要思考的问题。

九、营地发展现状认识

露营地目前最典型的是美国，最好的露营设施也在美国。美国 2012 年户外休闲业年产值达到 2150 亿美元，大约占到美国 GDP 的 1%，这个水平是很高的。美国人露营的总天数达到了 5.2 亿天，有 3800 万美国人外出露营，大约占到美国总人口的 13%。美国露营人数保持在 3% ~ 8% 的增长，高于美国的观光旅游，也高于传统的度假旅游。露营已经成为美国乃至西方，特别是中产阶级主要的休闲方式，成为家庭出游的最好载体。从这样的发展势头可以看到，露营也可能是中国中产阶级一个最好的休闲方式。

我们国家露营地发展可以分为几个阶段。2002—2014 年，这十几年是中国露营发展的萌芽期。2015 年，随着露营地发展，政府出台相关政策，成为中国露营地发展的元年。大规模露营地建设在中国兴起，特别是 2016 年国家先后颁布了数条鼓励露营地发展建设的政策。在政策、市场和资本的多重刺激下，2016 年成为中国露营地发展的爆发期。到 2016 年，中国共拥有营地 958 个，已建成 469 个，在建 489 个。

2016 年，原国家旅游局会同国家发展和改革委员会多部门联合印发《关于促进自驾车旅居车旅游发展的若干意见》，提出到 2020 年要建成各类自驾车旅游营地 2000 个。我判断到 2020 年，中国旅居车营地会达到 3000 个，因为资本进入营地的速度很快。这几年风景道、绿道的发展速度很快。2016 年在建的营地是 2015 年的两倍，实际是资本进入旅游业的一种表现。所以可以这样判断，到 2020 年全国的营地可以突破 3000 个。

我们的露营地基本上是散点分布，还没有形成网络化和结构化。现在大部分营地集中在经济发展水平较高的京津冀、长三角、珠三角以及旅游资源丰富的特定区域。营地建设往往和景区建设存在着正相关和耦合作用。这与美国的营地布局完全是两个概念。中国的高 A 级景区基本上坐落在京津冀、长三角、珠三角。这将来是不是我们国家营地布局的空间状态，这一点是要思考的。这种布局符合不符合露营旅游的本质，这一点现在还不敢判断是对还是错。从露营的本质上来看，布局应该是在没有经过大规模工业化洗礼的地区。自然生态环境好，没有工业污染，人口稀少，能看到星星，这样一个地区可能是最佳的露营地。

我们露营地的网络化程度低，还没有形成多层次的露营地空间服务体系。由于没有形成统一的品牌，没有形成统一的经营模式，所以露营地之间不能共享，这是一个问题。露营地的共享和商业模式的创造，是未来的发展形式。现在只是思考硬件设施，还没有思考到网络化经营模式。

目前缺乏规划设计。一个是我们露营地的顶层规划缺乏明确的阶段性发展目标和战略。露营地的建设是对应着城市空间形成另外一种空间结构，对当地的生态、环境、资源，都有一定的要求。人们确实在露营地通过度假能体验出不同的露营文化，肯定有一个空间的范围在那儿。比如山地型的在什么地方，湖泊型的在什么地方，森林型的在什么地方，必须有一个空间的顶层设计。我们能不能在这种中国山地型的南北分界线，建设一个国家的风景道体系，形成不同的露营地布局。这个布局不会破坏当地的生态环境，通过大量的露营者带动当地的经济化。这个布局就是一个顶层设计。我们出了全国旅游规划，全国露营地规划还没有，将来每个省去攻克这样一个政策恐怕攻不下来，如果能上升到国家顶层规划设计，在某一个区域专做这个设计，就会成为国家战略。

现在露营地建设都是靠地方政府，靠各个企业的热衷，所以必然形成散点。我们海滨度假时知道要到海南，露营度假到哪儿去，还没有这个概念。如果有这样一个顶层设计，就可以在这个区域形成一种完整的布局，形成中国的品牌乃至世界品牌，我们缺乏这样的东西。没有形成这样的布局，露营文化就很难形成，露营成为中产阶级所接受的一种旅游习惯也很难形成。

露营地的主题很重要。景区有主题，度假区也有主题，那么露营地的主题是什么。当然这个主题决定要与露营地选择有关系，与露营地周边的环境有关系，但是最起码要创造不同的主题。

目前露营地的产品结构单一，产品化程度低。很多营地仅仅提供简单的住宿和汽车的停泊。住宿、餐饮，还是带有汽车文化的体验，我们营地没有做得很深，根本谈不上精细化服务。

经营管理较为粗糙，盈利能力弱。第一，收入结构单一，现在露营地的出租收入占到了营地收入的 60% 左右，说明衍生项目少。第二，季节影响很大，注意，是受到观光旅游的季节性影响很大，所以营地是以观光旅游为依托的。南方好一些，北方淡旺季明显。对于中国，旅游淡旺季实际上是观光旅游淡旺季。300个营地的调查，旺季平均入住率为88%，淡季仅有14%，可见在经营管理上还是存在问题。

还有就是用地问题。目前在土地使用方面规定不是很清楚，也就是说没有营地建设用地。按照法律规定，农村宅基地不能投入商业使用，但是我们就在违法的边缘中发展旅游。这几年特色小镇发展快，关键是有用地政策。现在汽车营地的用水、用电、卫生、安全等还存在很大问题，会制约下一步露营旅游的发展。还有一些服务品牌意识等问题要解决。

十、营地规划要点

从企业角度来看，营地的建设规划，有几个需要注意的问题。

第一个是营地的选址。主要考虑四个问题：环境、交通、区位及用地面积，这是营地建设选址必须思考的问题。优美的环境、便捷的交通、优越的区位条件和充足的项目优惠，这四个是营地建设成功的必要条件。而这四个条件里面最重要的是优美的环境，当然不同类型的营地对条件的选择有侧重。比如这个营地是靠景区拉动的，可能更考虑区位；如果要真正体现露营文化，可能更多地考虑它的环境。从环境来讲一般选择地势开阔平坦，通风排水良好，生态环境优美，紧邻自然水体，这是现在营地建设环境考虑的问题。

国外交通间隔大概是250公里或者300公里一个营地，实际上就是原来的驿站，现在随着自驾车旅游发展变成了营地，考虑250～300公里设定一个营地，车程在4小时左右。营地距当地的中心城市是150～200公里。这个距离很重要，如果营地离中心城市近了，那真正的营地作用就发挥不出来。现在的营地选择区位基本上交通便利，依托景区或依托城市，这是现阶段营地选择的空间。我们现在营地建设还是围绕着观光旅游来进行设置，未来的区位可能不是这样的。

第二个是功能分区。营地根据国情特色和目标市场，形成不同的功能分区。一般来讲设有综合服务区、露营区、休闲娱乐区。综合服务区就是营地管理、服务中心，包括餐饮、购物、医疗、租赁、保养等。露营区是营地的主要功能区，提供相对独立封闭的营位。休闲娱乐区可能占地面积最大，主要是公共活动区，提供休闲、娱乐等。目前的营地偏重于前两个区域建设，未来第三个区域建设更为重要。如果想延长旅游时间，第三个区域是更为重要的。

第三个是营地的空间形态。营地建设受到交通地形地貌、植被、光照等自然环境的影响。我们的营地空间布局基本上有三种。

一是军营式。它的布局基本上是平衡的。它是以管理区和服务区为核心形成的布局，在国内的露营地常见。这种布局模式管理区一般是布置在场地中间，方便对整个营区的管理。它的优点是充分利用土地，管理成本低，容易组织交通。它的缺点是景观比较单一。所以这种适用于用地比较紧张的露营地。

二是辐射型空间结构。这个布局是强化了它的露营区域和娱乐区的功能，弱化了它的管理区和服务区。围绕管理区和服务区来向四周辐射。这种结构适合于土地面积比较大的区域，而且露营区是独立的，景观又是隔离的。基本上建设在一些森林中，河流沿岸，相对地形比较复杂，资源需要保护。

三是组团式空间结构。围绕着一个主道路，把这几个功能区串联在一起。各个露营区和活动娱乐区分散在主道路的两侧。它的优点是各个露营区很独立，可以结合地理环境来形成不同的露营特色，所以非常适应山地性露营地的建设。缺点就是布局非常分散，管理难度很大。

十一、营地成功的关键

一个露营地要想成功，首先类型要多样，特色要各异，要有自己的个性。就美国的露营地建设来讲，根据依托的资源景观的类型不同，分为乡村营地、湖畔营地、海滨营地、山区营地、林区营地和沙漠营地。每一种资源特点不一样，它的主题就不一样，娱乐区域也不一样，整个住宿区也是与资源类型相对应的。我们的营地，特别是露营区的建设要朝着主题和精品营地去发展。要把住宿文化作为吸引露营旅游者的一个关键性要素。休闲靠饮食和娱乐，度假靠住宿、观光景区，但露营是要把景观和住宿甚至休闲三者有机结合在一起。从这一点看，露营旅游不仅是观光旅游，不仅是度假旅游，也不仅是休闲旅游，而是三者的统一体。只有把三者的统一体做起来，才能延长旅游者停留时间，才能提升它的消费需求。所以类型多样、特色各异、个性吸引，是露营地成功的关键。

营地发展首先要选定潜力区域。这个潜力区域要考虑四个因素：资源、区位、产业和市场。这个产业就是当地的产业状态是什么样。如果露营地建在一个重化工的地方，这个露营地就死掉了。所以要考虑当地产业。然后要落实空间载体，通过绿化，多规合一，项目用地和旅游化改造，都要做起来。另外还要提升核心吸引力，通过升级，通过谋划有潜力的旅游吸引物，甚至包括当地非物质文化遗产的挖掘，来形成营地文化。

第二个就是多元化经营运作。露营地是最好的连锁和联号的一种经营方式，但现在我们国家连锁和联号还没有形成。假如要形成一个星空品牌，大家一听星空，就知道这个露营地可以看星星，可以看月亮，那肯定这个地方是郊野。我们要形成连锁和联号经营，这样可以统一进行员工培训，统一进行市场营销，统一进行采购，统一与大的供应商来谈。未来可能出现一两个甚至多个具有品牌意义的露营地。这个品牌一旦形成，形成了市场影响力，大资本就必然会关注。未来最大的产业是幸福产业，露营是幸福产业的重要组成部分，所以一定要好好把品牌做起来，要形成连锁的模式。

第三个，多样化、人性化的服务系统。中国的观光旅游体系目前很不成熟，露营旅游一定要重新开发出一个人性化的服务系统。比如在酒店绝对没有宠物服务，露营面对中产阶级，现在中产阶级养狗养猫是很平常的事情，那宠物区、宠物服务是不是要跟进？类似这样的问题都需要考虑得更人性化。

第四个，完善的标准化管理体系。在美国营地已经很成熟了，它的营地是要评级的，对应到我们的星级酒店、A 级景区。我建议下一步我们也要对营地定级，根据硬件和服务评级。不同的级别，收费和营位的出租是不一样的。五星级的营地和一星级营地是不一样的，要形成这样的标准。

最后就是严格的生态环保的系统设计。因为是回归自然，怎样保持原生态的东西，同时又与营地设施建设质量有机结合在一起，必须有一个严格的生态环保系统设计。

全域旅游背景下的自驾车房车露营旅游创新发展

石培华　中国旅游智库秘书长

摘　要：在汽车时代、大众旅游、全域旅游等背景下，自驾车房车露营实际上是一场革命，代表了未来的方向。应找到自驾游房车露营旅游的短板和痛点，树立新思维，创造新模式，抓住机遇，推动旅游业的变革。

关键词：全域旅游 汽车时代 新思维 新模式

从宏观方面来说，毫无疑问，我们已经进入一个自驾车旅游时代。前景很好，各种各样的背景、趋势都注定了它进入了发展的黄金时期。但从微观来看，其实仍有很多痛点，不管是政策的痛点，经营管理、商业模式的痛点，还是服务体系缺失的痛点。这个行业的市场需求很旺，供给刚刚起步，其实是一个市场早熟而供给晚生的行业。怎样解决痛点呢？肯定是找到增长点，因为发展的潜力很大，所以我们要知道怎样去找到这个蓝海。自驾车、房车露营旅游，实际是一场革命。酒店、景区、旅行社，形成了我们过去的旅游格局，现在“诗和远方在一起”，很重要的载体就是自驾游、房车游、露营游，诗和远方在一个流动的生活空间，这应该说是未来发展的结合点。

我们的旅游模式、消费行为、商业模式、发展方式等都在发生深刻变化，全域旅游实际上是基于各种变化提出的一个综合性的发展战略，也可以说是一种发展模式和发展理念。在这样一种背景下，我们来认识这个时代的背景和房车自驾、露营旅游发展的前景，找到空间，找到潜力，找到方向，找到蓝海所在，进一步寻找这个领域发展的痛点，找到模式，要创新攻坚主要的突破点。

一、自驾车旅游的时代背景

第一个背景，我们进入汽车时代。汽车拥有量已经超过 3 亿辆，一个北京的汽车拥有量要比新加坡的人口还多，我们一个国家 3 亿 ~ 4 亿的汽车拥有量，比大部分国家的人口都还多，这样一种消费量，市场可想而知。在房车拥有量上，我们是万级，美国是百万级。这就注定了我们旅游的核心载体正在发生变化，过去可能是风景文物，再加旅行社来服务，形成了观光旅游；而现在加上互联网，要进入“汽车 +”时代，车是生活的核心载体，手机和车成了现代人高度依赖、必不可少、失去了不知道怎么生活的现代工具。以前说以人为本，现在可能以人为本加以车为本，因为以车为载体，构建了新的生活模式和旅游结构，家庭、朋友、单位同事都可以一同出游，特别是家庭游和朋友游，基于共同爱好的出游越来越普遍。我们从过去的部落时代到了移动互联网时代，流动式的生活方式成为常态。

在汽车时代，汽车的作用是根本性的，已经颠覆了很多概念。自驾车房车露营旅游，实际是旅游的一场革命。我们进入到一个高铁、高速、汽车、航空的综合运输时代，可以做到无缝衔接，甚至包括低空、骑行、徒步。交通和旅游一体化成为这个时代最重要的特征之一，需要研究交通和旅游的全面融合。总之，高速交通和汽车时代带来了旅游和交通的一体化发展，带来了旅游核心要素的变化。

过去的 1.0 版的旅游以自然遗产、文化遗产为吸引物，面向海外的华人和外国人，然后发展入境旅游。因为文化文物都是现成的，所以核心是旅行社和酒店。2.0 版的旅游是大山大水大遗产，面向先富起来的一批人。3.0 版旅游是大众观光休闲游，这时候汽车兴起。而 4.0 版的旅游，是进入主题化的、有个性的休闲度假深度体验。以前可能是风景在点上，现在风景都在路上。现在的 PPP 项目中，很大一块是交通，原来的BOT也多是以交通来整合，带动沿线资源开发，形成政府和市场、社会资本的合作。互联网和交通让世界变成一个地球村，它们是整合功能，而旅游是放大功能，旅游让人变成世界，让心变成远方，前两个是工具，后一个是玩具。

现在交通条件非常好，高铁、高速网络已经形成。贵州这些年为什么发展得快，核心是交通。现在国家建设“四好农村路”，乡村公路发展得特别快。高铁、高速和航空网络对接大市场，这个全国性的网络基本覆盖了。主干公路对接主要的城市和目的地景区，然后通过四好乡村公路来形成网络。交通问题到2020年全面扶贫攻坚、实现全面小康时，会解决得更彻底。

第二个背景，进入大众旅游时代。常态化、多层次、多样化的旅游消费成为大家生活中的一种重要选项，也逐渐地成为一种必需品。我们从温饱型的消费逐渐过渡到发展型、娱乐型的消费，健康经济、休闲经济、快乐经济、体验经济，成为新时代消费的新热点，这实际上标志着我们已经进入大众旅游时代。大众旅游就是多层次、多样化、常态化、多频次、生活化的，旅游和休闲、生活的边界越来越模糊，原来讲旅游就是空间概念，6公里或者10公里之外，现在这个概念已经没有意义了，因为各种交通快速变化，很多地方同城化了。休闲是时间概念，生活是刚需，但是现在生活、休闲、旅游，是由于交通，由于自驾，由于露营。需要重新定义旅游，旅游是美好生活的创造者、服务者，而不是过去传统讲的游览旅行，可能旅游业已经过渡到生活服务业，而且这种生活是对一种比常态生活更美好、更有意识性的独特体验的生活。

第三个背景，进入全域旅游时代。现在的游客不仅仅是为了一个景点去，可能会为了一顿饭、一片花海、一片好的露营地，甚至一片野山野水而去，他的这种驱动力已经多元化了。实际上也就是吸引物在多样化、多层次化。同时游客对旅游目的地的体验消费和评价，也会受全方位的环境影响。全域旅游正是在这样的背景下，以人民为中心，以需求为导向，以旅游发生了新的变化为前提来设计一种新的发展战略。也正是这样，各地才高度重视全域旅游，使其成为新的发展战略。

第四个背景，需求的变化。消费大众化、需求品质化、产业现代化、发展全域化、竞争国际化、服务标准化，这样一种新的变化条件下，要整合开发。为什么从全域旅游这个角度来谈露营、自驾车、房车旅游？自驾车、房车、露营旅游是全域旅游骨干性的支撑框架。全域旅游是以景区景点为支点，有核心吸引物，以公共服务、基础设施，特别是交通为支撑，以自驾游、自助游为主要形态，以“旅游+”和“+旅游”来构建大产业，同时以生态环境和人文社会环境作为一种环境背景支撑。全域旅游是在这种背景下形成的一种目的地综合发展模式或者理念。在这种模式下，一个重要的突破口就是围绕着自驾露营房车这样一些新业态的基础的公共服务框架。

第五个背景，今后新趋势。一是景区价格，特别是一些开放的景区，不收门票或者是改变经营方式是必然的。二是全域旅游，可以想象，没有风景道，没有自驾游，没有公共服务体系支撑何来全域旅游。三是乡村旅游，喝酒唱歌、民俗旅游、吃农家饭等，这种形式的乡村旅游已经过去了。第一代的乡村旅游叫农家乐、民俗村，吃农家饭，看民族歌舞。第二代的乡村旅游进入到游山玩水，吃农家乐、搞农家休闲。第三代的乡村旅游就是乡村度假，像莫干山。第四代的乡村旅游叫乡村生活，在山野之中享受，看得见山望得见水，看得见乡愁，可以接天接地，可以尽情撒野，这就进入了乡村生活时代。而这个生活时代，住宿也好，体验也好，需要有新的工具，需要新的载体，所以需要房车、露营、自驾车。旅游业到了新时代集成创新的领域，有住宿的概念，但你不能用住宿业去看待房车露营，否则的话，我们既没有农家乐的经济性，不能像酒店那样规模化、经济化经营，也不能像乡村那样自助化、低成本化去运营，那还怎么创造独特体验?

二、创新的关键要点

我的理解，做旅游实际上是五个字。

第一个字是“风”。我们要依托风景，风景养眼，做旅游是审美；然后要挖掘风情，风景入眼，风情入心；要琢磨打造风味，留住胃才能留住脚步；要挖掘风物，有风物才能带走，才能形成产业链；然后要有很好的风气，最美的风景在哪个地方？那个地方首先一定是安全、好客的，尤其是乡野型的，民风就显得很重要；最后是要打造风尚，旅游是怀旧的，但也是时尚的。什么是旅游？过当下的休闲日子，读前世的怀旧文化，追求来世的自由，我们不死，可以换个活法；我们希望得到家一样的温馨服务，又希望得到异国他乡的文化体验，得到一种恍如隔世般的穿越。

旅游的本质是异质化体验，核心是诱惑或者是魅惑，旅游是受到诱惑之后的离家出走。自驾车旅游是什么？是寻找一个想要的世界，找回一个更好的自己，找到一个跟自己一样有共同意向的群体。现在旅游者越来越多地要发现世界，找回自我，构建社交，创造不一样的生活方式，但这种不一样的生活方式是希望得到家一样的温馨服务，但又希望得到异国他乡，甚至是来自另外一个世界的独特体验。

旅游要来一次革命，不仅仅是厕所的革命。为什么要提到革命，是因为旅游的形态变了，所以说要讲“风”。做旅游不容易，要看起来是养眼美女，了解起来是内涵才女，服务起来是淑女，在工作中是侠女，特别有担当。搞旅游，尤其搞自驾车旅游是有风险的，实际上对人的要求是内外兼修的。要把“风”字做足，风景、风情、风物、风味、风气、风骚，旅游毕竟是一个时尚生活，是要回归自然的，自驾车就是风景在路上，风情在路上，一路“疯”过去，沿途处处是体验。

第二个字是“态”。要保护利用好生态，没有生态就没有环境，人是要回归自然的。为什么文化旅游往往做不过山水，因为上山下海，回归森林、回归生态、回归乡野，这是人的动物本能、动物本性，是第一冲动。对文化的品位那是人性第二冲动，是结果。旅游的本质，我认为是生活，本体是文化，没有文化做根基，就没有品位，就没有内涵，但出去旅游不是为了接受教育，出去旅游是为了轻松、快乐，超越自我，然后发现世界。但是它的结果必定是会受到文化熏陶，得到人生修养。所以本体是文化，但本质是生活，根基是文化，但灵魂是生命。

要研究的是形态。没有形态就没有场景，现在的商业都要讲情景商业，一头是互联网经济，虚拟平台；另一头是脸对脸、人对人的服务，就是体验，旅游遇到互联网，结合在一起，才能形成实体和虚拟之间的落地性消费。

要挖掘文态。没有文态就没有主题，没有故事，没有符号，也就不会有IP。

要培育业态。业态是关键，没有业态就没有消费、经济、产业，没有业态就没有生活，也就没有体验。如何在新业态、新产品上突破，从而产生新的消费形态？全域旅游如果用一句话来说，其实就是用新的思维方式去发现和谋划一种新的发展方式，最后要贡献出一种新的生活方式，让人们为新的生活方式来买单。

要打造活态。要研究怎么打造一种人群想要的那种生活方式，或者叫生活的样态、生活的形态，构建所谓的生活方式。

要形成商业生态。全域旅游的本质也是共享经济，而自驾车、房车、露营旅游，未来的方向其实也是共享模式。比如房车，不见得每个人都有，要想想怎么在租赁、共享上做文章。

第三个字是“点”。要立足特点，营地也好，自驾车的线路也好，目的地也好，都要立足特点，但特点不是亮点，要立足特点，挖掘亮点，策划卖点，打磨引爆点，抢占制高点，找准切入点。很多人往往把特点当卖点来看待，其实特点未必能形成亮点，而亮点未必能引爆市场。

我们经常会使用供给的思维，我有什么，还有什么。但消费者不这么看，消费者要看的是他想要什么，你恰好能提供什么。比如青海湖边上的茶卡盐湖，就用一个“天空之镜”，谁也没有想到它会成为青海的王牌景区。

这说明了自驾车旅游时代的特点，在移动互联网时代，网红景区是晒出来，在雾霾时期，这里的湖面像一面镜子，映照着蓝蓝的天空，女同志可以拿着纱巾拍照，男同志可以拍汽车照，可以晒出天底下最美的风景。到了青藏高原你肯定会突然发现自己的摄像水平很高，其实那是天地之高，不是自己高。

但在这样一个晒出的时代，在一个自驾的时代，在唐蕃古道，在青藏公路沿线有这样一个特色的景点，与车同行，与天同在，就会活起来。它没怎么开发，最原始，反而倒是能有意外惊喜。

如果茶卡盐湖按照传统旅游开发的思路，包括专家评价的角度，按照旅游资源标准评价，作为景区则永远出不来，因为对它的评价会用盐湖资源区做评价。而恰好人们忘记了那个是盐湖资源，反而看中的是盐湖上的天空之巅，能够浸透心扉的那片蓝，在这个雾霾时代，最重要的是对蓝天的渴望。如果我们按照旅游资源传统的观念去看待、去评价，自然而然那个景区不会被规划出来。但是，它会被自驾车游客“晒”出来。

为什么说自驾游、房车、露营旅游会带来一场革命，就是因为人的生活方式变了，以车、以互联网、以流动式的生活来构建新的生活方式，打破了休闲、生活、创业、学习和旅游的边界，要重新看待旅游的价值。我们过去谈旅游的宏观价值谈得比较多，扶贫、经济发展、经济的引擎、扶贫的主渠道、美丽中国建设的途径等。但是如果从微观角度来看旅游的功能，会发现自驾游也好，房车游也好，旅游改变了生活方式之外，还改变了教育方式。

中国的营地可创新空间太多了，因为我们的每一块土地都有无数的故事，每一块土地都有它独特的风景。自驾游、露营、房车游有三个悖论，我们实际上是为了方便而自驾出去，但是目前由于公共服务、交通设施、服务体系都不配套，开车出去旅游很不自由，会堵在路上，会找不到停车位。为了自由，自驾过去，但其实很不自在。我们为了不一样的风景而去，但旅游产品同质化很强。追求个性，其实得到的是大众化的看似个性的产品。为什么说露营地可能是一个升级产品，因为可以用一种不一样的文化眼光去激活这些看起来长得大同小异的场所，使它们拥有不一样的独特个性。

旅游创造的是体验，诗和远方在一起，就是将故事变得可消费，将诗意变得惬意，诗意是想的，惬意是玩的。从这个角度，旅游规划设计和城市规划设计不一样。旅游规划是以产品为核心，以项目为载体，以构建消费场景为平台，以创意为灵魂，以构建大产业和目的地为目标，以整合融合发展为路径的一种生活方式设计。当然这个生活方式设计有五个：一是空间场景的利用设计；二是生活方式的设计；三是产品和业态的设计；四是商业模式的设计；五是开发方式的设计，甚至包括保护模式的设计。它是多重要素叠加之后综合性很强、实战性很强、操作性很强、市场性很强、创意性很强的一种新型规划。并不是说搞景观的、搞建筑的、搞城规的，一转过来就会搞旅游了。

组合起来，是两个“三生有幸”，生态、生产、生活、生计、生意、生命，如何“六生”融合，需要考虑不同诉求的实现，共建、共享、共赢、共担、共创。生态要尊重，但是要为老百姓解决生计。我们房车露营，打交道的是郊野、是百姓，要实现相互的共治，实现一种协调。生计跟生意之间怎么平衡，既要为商家创造生意，也不要耽误老百姓的生计，让他们得到带动。最后是生命，让旅游者得到不一样的生命体验。

第四个字是“品”。做旅游，产品是基础，但品牌是关键，没有品牌则引领不了，整合不了，品质是核心。要有品位，不见得很贵，但是要很有意思。有些五星级酒店，有价格、有档次，但是不见得有品位和有风格。对于企业来说，服务精神还要讲品格，讲服务格调和价值观。

第五个字是“自”。自驾也好，自助也好，自由行也好，要考虑怎样让游客自由自在，让公共服务无处不在。基于一种个性化的发展方式，怎么去弄，要研究群体，研究旅游跟六种人群的深度融合。比如旅游到底怎么改变教育。现在的教育都是把孩子带出去旅游，就叫研学旅游了，其实不是这样。青少年的旅行成长计划，从5岁开始，适合去什么样的地方旅游，用什么样的方式旅游，应该注意什么，都有讲究。将教育和生活结合起来，就能真正研究出适合这类人群旅游的服务模式和产品模式。

现在搞营地很有市场，如果创造出更多有价值的营地空间，那对这个时代的精神教育，以及素养教育课程的研发还是有很大空间。我们会进入一个主题化时代，因为一个主题，人未动心已远。旅游是梦想精进，是情感精进，一定要有一个打动人的理由，要给出一个主题。

一个目的地，包括一个营地，要开发好必须有独特卖点。这个主题卖点应该是能打动人的卖点。在中国，我认为没有小众市场。中国是个拥有十几亿人口的大国，我们每一个小众领域都是以千万计的人作为基数的。我们国家任何一个小众领域都是大众的。只要有足够的特色，小众引领大众，高端引领中低端，入境出境引领国内旅游，总有一个引领的作用。所以小众反而会成为热点。

做旅游，首先要解决出行之前的选择问题。交通方不方便，价格高不高，因为可去的地方很多，性价比竞争力很重要。这个竞争力包括价格更包括时间，时间是有限的，有假期的时间是有限的，往往目的地比不过客源地。做房地产开发是区位，搞商业是区位，搞旅游也不外乎区位。香山放在北京是几千万的游客，但是香山如果放在我的家乡只能算个丘陵。所在的地方不一样，山就不一样。泰山要放在大西南看则不够雄伟，但放在山东，那已经是泰山压顶了。在历史文化的积淀之中，它已经不是普通的山，已经是精神的高山，注入了一个国家、一个民族对文化的追求向往，已经是精神地标了，风景已经退到了第二位。

三、对露营地的思考

露营地是基础。如果连营地都没有，自驾游就没有服务的支撑。我们是驿站还是综合性营地，还是目的地型，还是面对特定需求的主题营地，可以策划的内容很多。我们需要共同思考一下，现代人的生活当中对营地到底有什么诉求？从而去挖掘我们能够提供什么样的营地。如果只是卖风景就大同小异了，那么必须要在风景之上，找到一个所谓的风情，就是打造什么样的主题。

第一个是营地和乡村旅游的结合。营地可能会成为乡村旅游重要的服务载体和方式，形成双促进。乡村游如果单纯靠老百姓来做服务，难度蛮大的，因为自己还没过到那种生活，要提供那样一种服务是很难的。做乡村游，一定要让老百姓受益，农业是基础，乡村是平台，农民是主体，但单一农民来做乡村游是很难做成的。自驾车、房车、露营旅游最大的短板是人才。没有一个学校能培养这样的新兴专业人才，原来有旅行社管理现在没了，基本上是旅游管理、饭店管理。学旅游管理的人太宏观，不具体；学饭店管理的太局限，不适合这个综合性业态和创新性业态的需要。乡村旅游开发营地可能是比较好的载体，过去叫“新、奇、特”，现在叫“萌、嗨、酷”的体验，让年轻人能够尖叫，是有创意、有体验的。一头是乡愁，另一头是野，但是不一样的野。村落的那种野味和自然的野味都张扬，而另外一种野是打造的，能够让人释放的，就是乡村旅游。乡村部落和营地的结合，营地服务加乡村体验和乡村服务，一头本真一头野生，一头时尚一头乡愁，但是共同生态。如果营地做得很城市化，也就失去了营地的味道。

乡村营地，包括在村镇整合，用地上可以有空间；包括现在有很多小学都迁走了，还有很多原来乡镇企业的厂子也都闲置了，所以有很多资源置换、资源整合机会，用地条件有一定的存量。这里面就需要创意。

乡村游无外乎几种，第一种是依托景区的乡村，围绕景区做乡村服务。以农家旅馆为重点。当地的文化元素如果还没有被激活，营地可以进行活化和释放表达。第二种类型是城郊型的，依托城市做乡村休闲、乡村度假、亲子游等，但这里面需要一些创意。

其实营地说白了，就是要做消费，环境在周边，背景在周边，然后把这个小生活营造得有意思，要轻装修重装饰，做旅游不但要烧钱，更重要的还要烧脑子、烧创意，还要烧感情，要投入很多心思。喜欢的人觉得这个烧的过程就是过瘾的过程，不喜欢的人搞旅游就搞不了了，没挣多少钱，还挺花功夫的。你要喜欢的话，相当于把自己的爱好打造成一种生活方式，让更多人能够来旅游。

一个叫曲建华的人，原来在中央电视台做主持人，后来下海干了三件事，干到第四件事时他的公司上市了。他对旅游的认知，比旅游专家解释得更深刻。第一步他是做了沙漠徒步。他说现在旅行社对游客和旅行社的关系定位是不对的，游客不是上帝。他有四个定位，第一个是一起出去玩的人，好玩就一起去玩，他特别会玩，我很会玩我带着你去玩，大家一起更好玩。这个就是玩伴的概念，是有共同爱好的人一起出去玩。第二个是有契约的商业合作关系，我为你做好服务，因为付钱了。第三个，出去有风险，应该建立亲人般的情感信赖。第四个是社交圈，出去之后得到的收获不仅仅是沿途的风景，还有一场不一样的体验和一群值得交往的人。他把游客和旅游社关系的本质讲得透彻，是平等地创造价值的一种关系。他在沙漠里建驿站，把服务配套上，把课程研发好，有大师讲课，有内部的小比赛，甚至有经济学家开一堂课，沙漠里行走主要是超越自我，挑战自我，这是第一步。

第二步他做了《发现中国》，拍专题片，中国有很多地方人们都知道，更有很多地方人们还不知道，拍专题片卖到国外宣传得很好。

第三步叫极地旅行机构，就是把有钱人或者有钱人的孩子带到南极、北极做标志性旅游。

第四步现在做体育运动，做各种体育比赛，在山水中去穿越。现在健康生活成了热点，公司上市了。他也找到了答案，旅游就是休闲自我、放松自我、找回自我、超越自我、发现自我、塑造自我，实际上就是把人的需求做到可体验、可消费、可经营，就是模式创新了。

营地可以分为多种类型。除了依托景区和乡村的，还有主题式的，有很多创意，包括婚庆婚宴、亲子研学这样一些主题。营地投入要注意一些要点。第一个是生态化，没有生态化营地就失去了它的生命力了；第二个是特色化；第三个是轻型化。如果营地投资太大，风险还是蛮高的。搞旅游投资、旅游开发，往往容易冲动投资。现在有种不好的倾向，没有十个亿、一百亿，不好意思谈大项目。像营地这个项目有不同类型，一些小型、微型的营地也不适合弄大。应该是原生态环境，特色化景观和主题化、轻型化的投入，然后是服务型的，注重软开发。

四、存在的短板

露营也好，自驾也好，还有很多的短板需要解决。

例如，好的平台还没有形成。携程、途牛也做自驾游，也有其他一些自驾游平台在做。我认为，电商平台和自驾车服务体系的深度整合，实际上是一个纵向整合，要做汽车租赁、维修、保养、保险，甚至一些延伸的服务，比如代驾。不见得都是开自己的车跑完全程，自驾车与各种交通工具和不同的服务产品，可以用平台来整合。

再比如，特色和创意需要形成。做营地是做落地产品，专业化和特色化是生命力。做单一营地可能很难盈利，需要在资本市场上做连锁，有一个独特的品牌。我们要深度研究每一种主体和群体对旅游的实实在在的价值需求。中国每一块土地都有很多种精彩的符号，营地应该变成一个一个的 IP。从过去的汽车营地，到房车营地，到社区化、生活化的综合营地，最后到主题化、特色化的目的地型的营地，空间类型是比较多的。

为什么露营的机遇期来了？交通网络形成一个基础后，好山好水，青山绿水，各种还没有形成景区的小文化、小景观、小城镇、小村落就会浮现出来，资源价值就会浮现出来，现在农村空心化，给我们做营地，做乡村游，做城乡置换带来了真正的空间。人们越来越多到城市去就业，去发展，去上学，越来越多到乡村去休闲、度假、养老、养生。这是真正的城乡统筹，从这个意义上说，旅游是一场巨大的革命。

因此也就需要突破理念上的短板。在交通变革和城乡变革背景下重新思考的话，我觉得营地可以是村落式的、部落式的、小镇式的，一个度假区性质的，或者是以度假酒店住宿为支撑的，有各种各样的内容，包括各种生态景观主题和各种文化主题。

在贵州的盘县，有一个岁数不大的小伙子做生意赚了钱，有文化追求，就在大草原上搞了一个星空酒店。大草原景观漂亮，冬天可以滑雪，夏天、秋天和春天经常有佛光，漫山遍野的野花野草。我去过这个酒店之后，觉得都不想出来了，为什么呢？这里可以观山海、赏花海、穿林海，感受心海澎湃，还可以玩草海。人其实就要追求海的感觉，在高处眺望、鸟瞰、仰视，既能仰望星空，又能低头沉思。那种地方卖的不是风景，卖的不是房子，之所以这么受欢迎，是因为它是有主题的，是彝族文化和藏族文化的结合，有设计感。

中国旅游缺投资，但更缺产品，花适当的钱很精心地打造一些可消费、可体验、好感觉的产品，非常有必要。我觉得营地有四个突破口。第一个是服务体系，要布局一些很重要的节点。第二个是乡村游，要盘活高端消费形态和业态。第三个是风景道，要完善自驾游服务体系，做消费中心、体验中心。第四个是承载产业功能，比如销售当地的土特产。

五、新思路新模式

我在阿里做顾问的时候，听马云说过他对旅游的理解，我觉得很深刻。他认为这是终端消费，是高端消费，搞旅游就是抓住了最终的大数据，因为有情、有钱、有闲的人才会去旅游。旅游者是消费水平最高的人群，旅游者是消费最活跃的那个人群，所以叫终端消费、高端消费，抓住旅游者就抓住了最终的大数据。未来是大数据时代。什么叫大数据？消费的过程、旅游的过程、行走的过程和足迹全部被记录下来，就是大数据。

现在OTA企业，都是互联网介入旅游。为什么会这样？因为投资旅游就是投资消费，未来谁掌握消费，谁能够创造消费，谁能够引领消费，谁能够聚集消费，谁能够激活消费，谁就是执牛耳者。那么多OTA企业不盈利还继续做，就是因为旅游有未来。阿里平台也不赚钱，途牛也还没完成盈利。

对我们企业来讲，做营地要做三个东西。第一，要做一套盈利的模式。讲故事的比较多，想搞资本市场的比较多，但是落地下来可盈利的少。要把一套服务盈利模式、产品模式研究透。营地到底怎么运营，怎么管理，怎么服务，怎么盈利，风险怎么控制，政策瓶颈怎么打通，怎么让它落地，其实就是在做模式。

第二，我觉得是做高品质的样品。跟如家的道理是一样的，如家找到了一个消费群体，就是希望得到干净、标准、卫生、安全的服务，但价格又不高的。于是就迅速有一套服务的标准、平台、模式，进行迅速扩张，加盟也行，连锁也行，自营也行，线上线下互动，然后再共享去扩张。酒店取得的成功对营地是有启示的，营地是一个消费中心、体验中心、服务中心，这是与酒店的相似之处。另外盈利模式要多元，可以搞晚会、活动、演艺，也可以搞商品的售卖窗口，可以做美食。现在这个时代是混合经济、共享经济、复合经济，有风景就有新经济，有新的生活方式就会有创意出新的经济形态。搞旅游就不要说搞多少游客的旅游，应该是为当地人工作、创业、生活创造更美好的生活。

第三，就是房车运营。房车在中国机会还是比较多的。中国从物质上进入了汽车时代，但是文化上还没有进入汽车时代。汽车文化、房车文化、房车文明，对这样一种生活方式的理解，需要一个培育的过程。现在房车一部分摆在营地里，小部分在路上。房车在中国的国情下适合做共享，买了房车租赁给某个公司经营，那车是你的也不是你的，就跟游轮、游艇一样。游艇、房车、飞机是非常适合做租赁的。把共享、分享的概念加进来，我觉得房车经济是可能的。

六、新思维新革命

当今社会做旅游，我觉得需要三个思维。

第一个是金融思维。就是产品权证化、资产化、金融化、分散化，然后将消费金融、保险这些新的内容和产品结合起来。中国需要一个旅游交易所，它不是一个项目一个项目地投资，而是老百姓分享投资、分享发展。把旅游产品拆分出 10000 份、8000 份，社会化地来分享。我相信以后会有可能的，因为旅游产品交易比文化产品交易更靠谱。文交所衍生出一个矛盾，一个文化品听起来可分拆，但事实上是不可分拆的，比如一幅画。但旅游酒店可以盈利，实实在在是可以做分享的，因为它有实体资产，它的经营效益是可复制、可扩展、可计算的。资源资本化、资产化，资产证券化、金融化，消费共享化、平台化，这个就是金融。

第二个是生态思维。就是构建产业新生态，消费新生态，企业新生态，形成一个共享系统，分工合作。其实营地跟周边就是一个生态，相当于营地打造了一个生态圈的小总部，周边的农民、乡村、特产、文化，都由你这个总部来盘活。

第三个是平台思维。阿里、腾讯为什么能做大，它们是这个时代的产物。腾讯很简单，社交媒体，先做人与人之间的连接，再做物与物的连接，这就是社交平台。阿里是商务平台，为开店打造平台。一个直接服务到人，一个服务到商家，也服务到人。互联网思维、生态思维和平台思维，做营地既要有专业思维，也要综合思考，既要有微观的操作思维，也要建立一点宏观的价值思考，更要考虑到网络化、品牌化经营连锁式的扩张思维。

现在巨无霸的企业很多，出手很快，但是出手再快，有些短板也解决不了。第一是落地的实实在在的产品，没有的话再怎么整合那都是假话。第二是人才团队，落地总是要有一个团队。第三是专业。在资本时代都想整合别人，都想做平台，都不愿意做专业，但最后这个东西成为稀缺产品，谁专业谁是稀缺产品。不管企业做多大，必须有专业化的团队、专业化的产品、专业化的服务，怎么也跳不过去。我觉得营地旅游，刚刚起步，虚火比较重，宏观上市场很好，微观上操作比较难，听起来宏观，数量很大，但是操作不容易，比较难。原因在于专业化程度和政策化的环境。政策环境这几年在快速地优化，但专业化的形成需要时间。

旅游需要革命，我认为有五大革命。

第一个，重新思考旅游价值的革命。营地也好，房车也好，自驾也好，实际上是重新整合资源，重新创造一种旅游方式和消费方式。不管是露营、户外，还是房车营地，其实就是在消费活动中找一个结合点，根据人的空间旅游行为，找到一个消费最可能发生的服务节点，在这个节点当中创造更多的服务价值。实际上你是在整体中去做一个消费的最佳体验，最佳消费的供给点。所以要发现价值，创造供给、创造消费。旅游有一个特点，是供给创造消费，就怕你的产品没有特点。工业品是满足基本消费，标准化产品是价格优先。旅游产品项目是供给创造需求，首先是你的特色，能不能创造出一种不一样的感受，其次再讲性价比。

第二个，设计的革命。这个设计不仅仅是景观设计，而是生活设计、体验设计、景观设计、建筑设计、商业模式设计、开放形态设计相结合的综合设计，叫生活商业一体化，既能够创造体验，也能够创造效益的这么一个设计革命。这个不是搞城规、搞建筑、搞旅游单一能够实现的，是要研讨之后做一个综合设计，是一个综合集成者。

第三个，旅游形态的革命，从关起门来的景区、关起门来的酒店，到既私密又开放，既传统又时尚，在二元悖论当中找一种结合，开发出不一样的形态，既是生态，又能够好好生活，在这个悖论当中去做设计。

第四个，商业模式的革命。

第五个，文化价值观念和旅游行为理念的革命。

总结下来，大家都在探索，自驾游、房车、露营是一个快速发展的市场，但也是一个早熟的产品。搞旅游没有对错，因为我们都热爱生活，热爱这个国家，热爱这样一个难得的盛世。我们每个人都可以像孔子那样周游列国，每个人都可以像徐霞客那样游历山水。珍惜这样的美好新时代，从哪儿开始呢？我相信从车发动的那天开始。

露营旅游与乡村旅游的融合发展

杨振之　四川大学中国休闲与旅游研究中心主任

摘　要：乡村旅游与露营旅游存在天然的耦合性。露营地是发展乡村旅游和建设田园综合体的优良要素。露营地和乡村旅游都需要解决合法用地和特色运营等问题，国际国内有很多成功的案例。旅游与农业、乡村文化的深度融合是有效途径。

关键词：乡村旅游　田园综合体　用地　产业融合　特色创新

露营旅游和乡村旅游融合发展，将这个题目扩至整个全球来看，是最新的一个题目，因为旅游确实离不开乡村。大部分人在理解露营的时候，只看到了营地本身，其实露营旅游是一种度假生活，是一种流动的度假生活，是一种生活方式。当人们开车旅游到一处地方，露营活动往往都是跟度假生活密切相关的。它不仅仅要有营地，还应该有广阔的空间。这些空间可能是大山，可能是海滨，可能是湖泊，可能是田园，这些都是跟乡村紧密联系的。

一、国外的经验

度假生活的方式和观光旅游的方式是完全不一样的，它需要一些专业化、技术性很强的活动。我们做露营地，仅仅把它看作营地还不行。国际上做得好的营地，通常都有丰富的活动，有不一样的度假生活方式。几年前，我派一个博士生专门去研究北美的露营地，毕业论文就是研究北美的汽车营地发展。这位博士生在美国、加拿大读了一年多，专门采访了很多营地，发现我们现在露营地的发展水平，基本上相当于美国 20 世纪 50 年代“二战”以后的水平。

在大概 70 年以前，美国露营地的经营主要还是由政府控制，是乡村度假地、国家公园、自然公园配套的设施，或者就是一个公共设施。当时也有企业建议去做营地，但是很多都是亏损，跟我们现在的经营情况差不多。到了 20 世纪 70 年代以后，美国露营地才开始有大的集团企业介入，介入以后做成连锁，开始走向盈利。美国露营地，从 20 世纪 50 年代初直到 70 年代，大概发展了 20 年后，才有大量的私人资本进去。

欧洲的德国、法国、英国等国家，都在自然公园里面配备了很多营地。一个国家公园以观光为主，在里面配了一些营地，但它的外部有很大的自然公园。这个自然公园是露营地最集中的区域。这样，在空间和产业发展上就保证了它的可持续性，也就是说露营地并不是有了土地就能做的，它一定要解决一系列的问题。例如露营地的选址选在什么地方，整个度假区、旅游景区、传统特色村落与主要的吸引物之间是一种什么样的关系，这些都是非常重要的考虑因素。

二、乡村旅游与露营

露营地与乡村旅游是天作之合，是密不可分的。如今乡村旅游的痛点和愿景都跟露营地的发展有着或大或小的关系。

我国当前乡村旅游的发展和趋势主要呈现为以下两方面：一方面是农家乐和

传统产品的渐渐老化；另一方面是新兴产品的不断出现。这些新兴产品的出现，很多都是碎片化的。比如民宿、营地实际上都是碎片化的，跟全域旅游的发展或是跟一个区域的发展的链合度还不是很强。在广大的乡村里面，山水林草田园的整合力度也是不足的。我国的乡村都是一家一户自耕农，因此很多地方的山水林田整合度都不高，农业旅游的附加值也就难以提升。而非农主题的乡村旅游的创新又缺乏力度，发展的渠道也很单调。

在这些情况下，我国的乡村旅游其实存在很多问题。乡村旅游发展的愿景，首先是创新模式来释放乡村旅游的能量；其次是统筹山水林草田园资源丰富产品体系；再次是拓展社区居民实体创业的就业渠道；最后是打造非地产类的招商引资项目来引领产业升级。这些都跟营地发展密切相关。

露营地可以算作契合乡村旅游的一个优选模式，可以契合乡村旅游的发展愿景来解决之前提到的乡村旅游的痛点。

有关创新用地渠道和模式的露营地用地政策，相关的国家政策已经出台，其中提到的露营地用地新政策有以下三点：一是探索用地；二是露营地的建筑可以不用建设用地；三是商业设施可以采取宅基地流转的方式来解决，也可以通过点状供应来解决，而有些设施甚至可以完全不用建设用地来解决。所以现在的用地政策已经很适合如今露营地的发展，而且在最近两年的一系列政策里，有关用地方面也出台了一些创新政策。

关于统筹山水林草田园等资源，露营地比民宿、客栈、精品酒店更亲近自然，而且它对山水林草田园资源的利用，比民宿、客栈和精品酒店的门槛更低，限制性更低。

露营地还可以拓展设立创业就业的渠道，露营地实际上作为综合性的旅游项目可以衍生很多的旅游需求，为社区居民提供就业机会。

另外，由于露营地所具备的住宿功能不是地产里的，所以它是更容易落地的项目。露营地和村落以及周边的这些环境能够形成一个综合体，因此它跟乡村旅游的新业态关系非常密切。

三、田园综合体与露营

一个田园综合体是由哪些组成部分构成的呢？首先是露营地，露营地是住宿大本营乡村的一个活动聚集区。其次是村落，村落里面可能会有民宿、精品酒店，但是它更可能是传统村落和文化型的村落，它可以提供人文的体验。然后是服务中心，露营＋村落会形成一个服务中心。外面可能还会有农业产业链条，循环农业经济的发展，或者还存在着一些其他活动的业态，例如食物购物的业态，结合以上所有因素从而组合成一个很大的田园综合体。

在田园综合体的外围，可能有很多户外的拓展空间。这些户外拓展空间就是整合山水林草田园周边的环境和资源。实际上我们住在村落或者住在营地里面，或者是住在康养项目里面，其实都是为了解决我们的度假生活。我们在乡村住下来，周边有大量的户外运动空间可以结合在一起，这样的话就是一个田园综合体在提供核心的产品，就是一个度假生活的产品。这种产品可能是露营地本身，开车的时候还有可能是流动的。我们可能会在一个地方住一两天，但是如果这个地方周边吸引力很强，我们也有可能多住几天。

对于西方人来说，连续住露营地七天都是有可能的，因为西方人住的露营地周边有很多活动，他们白天会出去做很多户外活动，晚上就回来睡觉。这种方式，就是一种度假生活的方式。然而目前我们国内还达不到这个水平，我们对露营地的理解还有问题。美国的露营主要就在于活动的丰富多彩，小孩的参与以及各类人群的交流，这是很关键的。露营变成了一个吸引物，而不仅仅只是一种开车到某个地方住一晚上的生活方式。

田园综合体发展跟露营发展一样有着很大的空间，未来将是乡村旅游的增长极，同时也是目前国务院重点抓的乡村旅游中的重点项目。

2017 年，中央一号文件对田园综合体做了一个定义，支持有条件的乡村建设以农民合作社为主要载体，让农民充分参与和受益，集循环农业、创意农业和农事体验为一体的田园综合体，通过农业综合开发、农业综合改革、转移支付等渠道，来开展试点示范。

从文件可知，田园综合体要以农民合作社为主要载体，同时要求由龙头企业和农民综合体联合来做，但是没有外来的龙头企业，那么农民合作社也可以组建成一个企业来做。目前国内田园综合体发展得最好的还是农民合作社自己做起来的。合作社的主要目的是让农民充分参与和受益，这是一个前提。田园综合体的产业包含三个内容：一个是寻常农业，二个是创意农业，三个是农村体验。创意农业和农村体验都是跟我们旅游相关的，而且是旅游主要的内容，很多创意的内容都存在于农事体验活动和户外体验活动里面。实际上农业加旅游，包括户外运动、康养这些都是可以跟综合体结合起来的。所以这就是综合体需要解决的东西。

有关田园综合体和露营地的关系，一般来说田园综合体会做得比较大，通常都是几万亩，是一个非常大的空间，在这个空间里，露营地是田园综合体住宿接待和农事体验的一个很重要的载体，这是我们未来发展乡村旅游的一个很大的发展空间。

四、田园综合体相关政策

现在对于田园综合体的国家补贴是很大的，有很多的补贴政策，有些已经达到了 1 亿 ~ 5 亿元，当然对你自己的投入也有要求。从产业构建上来说，田园综合体是非常综合的，不仅仅是现代农业园区和农业综合体，从设施和服务来说，田园综合体充分考虑了主客的共享，就是游客和农民作为这个社区的居民能够共享资源，所以它从规划设计上要解决农民怎么参与，怎么受益。这是很关键的，不仅仅是去把游客引来玩一下就完了。社区参与的方式非常灵活，一般当地居民是可以作为主体参与到社区当中，参与到经营当中去的。经济效益方面，田园综合体的效益是最优化的，而且除了经济效益之外，实际上有很多复合功能可以实现，这是单一化的农业产业园区和农业综合体都解决不了的问题。

有关田园综合体的发展趋势，目前农业发展承担了更多的功能，也就是说未来的农业不仅仅就是农业本身，它承担的功能会越来越多。美丽乡村建设、城市的技术转移、人口转移、产业的转移和复合产业的发展，除了农业之外的文创、文旅、户外运动、康养，方方面面都会向广大农村进行转移，农业也就承担了更多功能。

从供给侧改革来说，目前社会资本高度关注农业，在现有土地政策的影响下，土地管理强度越来越大，越来越寻求在乡村以综合方案解决土地问题，所以在未来它是一个很大的发展。

关于田园综合体的建设意义，首先是优化农村地区的生产要素配置，具体优化的方式首先是创新农村的土地应用，创新投融资模式，增强科技的支撑，来促进区域经济主体的连接。目前我国农村最大的问题是技术下不去、资本下不去，人力资源匮乏，国际上的竞争力很弱，整个生产要素非常落后。我们需要在开发模式和发展方式上进行创新，这些对我们乡村的开发和未来的发展都会起到很大的促进作用。

同时，农村产业体系价值的放大主要是通过高新技术的融入，农业和工业的附加值其实就是农产品深加工的附加值。然后田园特色鲜明的休闲体验、旅游度假和相关产业的发展，形成了以田园风貌为基底，并融合现代都市时尚元素的田园社区，这是一个很大的发展。它有效地推动了城乡的统筹发展、城乡的融合发展。所以以乡村复兴为最高目标，城乡和谐发展，以田园生产、田园生活、田园景观为主营的这样一种生产空间实体，通过城市要素来反哺农村，形成了城乡融合发展新格局。

目前国家明确提出来田园综合体的四个条件。一是功能准确定位，就是功能定位要非常准确，农业生产的主题要非常准确。二是基础条件较优，就是农业条件、生产条件、基础设施和投资条件都是较优的，生态环境友好。三是政策措施有力，投融资的机制明确，社会资本和农民的关系怎么处理，跟农业合作社的关系怎么处理，要非常明确。四是带动作用明显，要有龙头企业，带动这个区域的发展，运行管理顺畅。这些条件都有具体的要求。

五、田园综合体用地问题

田园综合体的企业家投资会涉及用地问题，而旅游发展里面最头疼的就是用地问题。把用地问题解决了，其他很多问题也就解决了。农村土地使用权的取得方式主要是土地流转，土地流转主要是通过两种方式解决的：一种是土地出租；另一种是土地入股。这两种方式都能解决问题。

农村土地的租赁方式，一个是耕地的流转、林地的流转，即一般农田、基本农田和林地，等等，这些生产要素的流转；另外一个是宅基地的流转，宅基地是农村集体建设用地，此外还有其他的村镇建设用地。这些都可以进行流转。

目前国家已经明确，农村集体建设用地是可以入市的，但是目前建立起来的交易市场只有成都和重庆，是2007年国家城乡统筹改革实验区。成都市2008年建立了同股同权，农村集体土地上市交易的制度，挂牌交易在2008年就已经开始了。有关宅基地流转的国家政策也已经出来了，很快会在全国推广。

关于农民宅基地的利用，2017年中央一号文件里明确提出，允许投入村庄整治、宅基地整理等节约的建设用地，通过入股联营的方式来支持乡村休闲养老等产业，以及农村三产融合的发展。这些都需要国家审批，所以操作上要通过规划解决土地的问题。

2017年中央一号文件中还有一个土地专项的表述，首先是统筹协调农村土地的征收，集体经营性建设用地优势越来越明确，宅基地制度改革试点，全面加快房地一体的农村宅基地和集体建设用地确权登记完成工作。目前全国农村这个工作已经进行得差不多了，就是农民的房子和宅基地要确权，房子有多大，宅基地面积多大，要给你一个集体建设用地的土地证，确权的目的是投资商进去投资的时候，确定土地流转计算标准。

认真总结农村宅基地制度改革试点的经验，在充分保障农户宅基地用益物权，防止外部资本侵占控制的前提下，落实宅基地的集体所有权，维护农户依法取得宅基地占有和使用权，探索农村集体组织以出租合作的方式，盘活利用农闲农房宅基地，增加农民财产新收入。宅基地的改革试点和宅基地的流转首先要以保护农民的利益为前提，2018年又提出来三权分置，即所有权、资格权和使用权，有关农村建设用地和农村的集体用地，所有权是农民和集体所有的，资格权是类似于每家每户按照其承包用地享有资格权，但是使用权是可以流转的，我们现在流转的是土地的使用权。三权分制以后有利于土地流转，基本上解决了政策上和法律上的障碍和难题。

可以作为休闲发展用地的主要有如下几种情况：第一个是农民自有的住宅、闲置的宅基地，这些都需要确权，不确权是不能动的。第二个是农村的集体建设用地，除了农民宅基地之外还有农村的集体建设用地。第三个是四荒地，荒山、荒沟、荒丘、荒滩等未利用的土地，这是国务院明确下文的，对这些四荒地鼓励用来做旅游开发，这也是国务院的政策。第四个就是城乡建设用地（增减挂钩），成都市 2007 年就开始实施这项操作了。城乡建设用地增减挂钩是什么意思呢？比如说一个村落里面要整体去流转的话，以前的村落会撤掉，集中农村集体建设用地，这个村假设有 5000 亩地，最后村落的建设用地是 1000 亩，为了集中做一个综合体，那么可能用 200 亩来安置农民，还有 800 亩的集体建设用地，因为可能集中在一个地方建一个综合体，以前分散的这些地就可以复耕基本农田，这样就叫增减挂钩。还有一个原来城市建设用地很多都是从农村拿过去的，把指标拿到城里面用的，它要解决占地平衡的问题，这个县可能开发的用地少，它在全市和全省来寻求占地。所以未来土地开发起来以后，这些土地尽量向乡村倾斜。第五个是对投资建设连片面积达到一定规模的高标准农田、生态公益林等，允许在合法合规的前提下，利用一定比例的土地开展观光、休闲、度假、旅游、加工、流通等经营活动。

以前我们采取温室大棚的方式建餐厅，还有用可移动的集装箱和房车开展餐饮住宿活动，以前是严禁随意扩大设施农地，但很多人当时用了打擦边球的做法。现在在土地利用上已经基本没有禁区了，只要不占用基本建设农田，通过规划的问题解决就行了，把政策用到位就可以了。

有关田园综合体的主流土地获取，可以采取很多种方式。第一是土地银行。现在国家已经开始做土地银行了，做法其实很简单，就是农民一家一户的耕地存到银行；一个村也可以建合作社，把这个村 5000 亩地全部打包存到银行里面作为一个资产，银行作为中介机构，投资商投资你要多少亩地，银行就把多少亩全部打包租赁给你，中间就以金融租赁方式解决这个问题。它直接把农民的生产资料变成了资产，变成了资本。另外一个，建立土地股份为基础的合作社，这个比较多见。

田园综合体其他类型的乡村旅游项目，备选土地的获取之道，我们总结了一些方法。一个是关闭的矿区，它原有的建设用地可以直接转为旅游设施建设用地，它现在支持发展，尤其是搞公园，在恢复生态环境的前提下，可以按照比例转为旅游设施用地，其余的为工矿遗址性管理用地，这是可以转换的。

第二就是生态涵养区，村落宅基地、新农村建设遗留的宅基地、多出来的宅基地，也可因地制宜转为旅游设施的建设用地。有些村落搬迁，搬迁以后那个宅基地除了安置之外，有可能有多出的宅基地，或者是新农村建设以及城市郊区农民上楼，宅基地肯定有多出来的，这些都可以转化成跟旅游相关联的设施用地。

第三是大面积的森林绿地，作为生态旅游资源允许 3% ~ 5% 转为旅游设施用地，2018 年已经明确是 5%，农业设施用地会追加到 8%。

第四是其他的荒地，经过相关部门的确认，原则上可以作为旅游设施的用地，四荒地也是可以的，所以获取渠道是比较多的，只要不违返政策和法律法规都可以创新用地模式，就看怎么使用了。

我们看一些传统村落，像广东，传统村落、历史文化名村特别多，为什么呢？因为广东人哪怕到海外去了都要保护自己的祖屋，每年都要回来祭祖的。这些是撤不动的，它本身就是传统村落、历史文化名村，要保护，这些宅基地是很难流转起来的。对于这样的村落主要考虑它们的活化利用，我们看广东很多村落，人家一年回来一两次，这些村落完全可以免租金给你，你自己搞民宿、搞客栈都可以，你把它维护好就行，把它的老祖宗维护好，也不需要租金。现在一个村落可以住到几百上千个床位，成本很低。这些就特别适合做田园综合体。所以在保护的过程当中，要复兴传统村落来挖掘当地的地域文化。

六、田园综合体规划

从规划上来说，田园综合体需要一些基本原则和技术。

首先是基础研判。农业的规模化和集约化程度要比较高，可形成规模效益，这是基本条件。如果是做文旅产业，最好是有传统村落的形态和文化的脉络。就是除了农业规模之外，还得有传统文化。地形地貌要很有特色，周边环境要有特色，山水融合比较好，空间环境比较好，有宜居宜游的景观资源。这些都是基本要素，也是搞乡村旅游的基本要素。

国际上通行的田园综合体的要素条件有如下方面：第一个是鲜明的品牌形象；第二个是高效的循环农业体系；第三个是特色文化的住宿餐饮体系；第四个是完善的娱乐活动体系；第五个是切实的主客共享，民宿是典型的这样一种业态；第六个是便捷多样的交通方式。做乡村旅游目的地的话一定要具备这几个要素，而且国际上最顶级的度假地实际上是乡村旅游，价格最高的也是这个区域。

按照财政部的要求，田园综合体的规划要解决的，首先是顶层规划，要确认哪些民居需要保证，哪些生产活动必须保证，哪些生产生活空间需要保证，主体是什么。主体框架是农业加旅游，然后可以做一些地产。

另外就是三个核心：田园生产、田园生活、田园景观。田园生产就是要形成规模化、集约化的循环农业。田园生活是要保证生产、生活是乡村的东西，不是城市的东西。同时要保持大范围大规模的田园景观。另外提出五区建设，要有景观吸引区、休闲集聚区、农业生产区、居民生活区和服务配套区。一个田园综合体要解决这些功能区的配套。

田园综合体的业态构成，要根据具体的项目进行定制。在生态循环农业的主题下，针对性选题是非常关键的。田园综合体的规划中农业是最先行的，然后再匹配农业资源。田园综合体是基础产业还是循环农业，然后再配套康养、度假、休闲这样一些产品业态。

地方政府要对投资商进行考察，甄选那些具备对农业的足够理解，且有能力做田园综合体的龙头企业。要去做田园综合体的话，首先要对农业理解透彻。现在央企也开始做田园综合体，但是它不懂农业，就可以嫁接专业化的懂农业技术的公司来合作，这样就会形成一个很强大的团队。田园综合体是很难做的，要专业化。农业要专业化，文旅要专业化，康养要专业化，从开始到投资运营都需要专业化团队。

田园综合体的运营，不能套用固化的模式。首先要以工业化的思维来考虑农业全产业链的发展。什么是以工业化思维呢，说白了就是一个产业化的思维，因为是在做农业产业、文旅产业，综合性很强，要求用产业化的思维来思考农业，不是把农业做成工业。但是田园综合体肯定要包括一些深加工的农业，所以是一二三产业的融合体。其次是农业、文旅、康养的融合运营，对运营团队都有较高的要求。目前我们国家这方面的团队是比较稀缺的。最后是对投资商的技术能力的要求更高。目前我们国内投资的资金力度都非常大，但是落到乡村田园发展就很难，因为这方面的技术团队还是很少的。

地方政府的功能角色，明确了应该站在农民一方。政府不能成为利益相关者，而是作为协调人和组织管理者来解决问题。以前做房地产开发，政府就是利益相关者，政府和房地产商套在一起，在征地上有时会损害农民和弱势一方的利益，那是不对的。现在明确政府应该站在农民一方，站在弱势群体一方，是一个协调者和组织管理者，是利益平衡者的角色，主要为社会提供公共服务。尤其是在乡村旅游的发展、田园综合体的发展上面，政府的角色定位更加明确。田园综合体的利益架构的搭建，应该是资本方、农民、政府三方来商量，不能由谁来主导。农民在这个利益组织架构中处于弱势方，所以政府应该保护农民利益。

这是规划方面的一些要点，这些要点实际上是解决利益平衡问题。规划的核心就是解决利益平衡和生产要素的优化配置。生产要素优化配置好了，利益平衡了，规划才可能落地实施，不然的话矛盾冲突会非常大，解决乡村问题首先要把这些问题思考透。

七、田园综合体的模式

在国际上，经常提的不是田园综合体的概念，而是按照乡村度假地来做的。全球顶级的度假产品都在乡村。我国像浙江的民宿收费已经超过了城市五星级酒店。为什么呢？因为它卖了空气，卖了有机食品，卖了户外运动，卖了乡村文化，还卖了主客共享，它能够提供很多附加值的东西，它是一个工业化产品，附加值很高。做乡村酒店，包括民宿，附加值会高很多。我们的露营地，设施做得好一点，体验深一点，收费标准也会超过城市的五星级酒店。我去国外很多露营地，它们的收费标准都比城市酒店收费标准要高。

欧美国家高水平的农庄、酒庄和牧场，其实就是田园综合体，只是提法不一样。三生的融合，三农的复合，这也是田园综合体最核心的东西。三生，第一个是生产，传统的生产方式加上绿色科技，兼顾景观环保，生产是循环农业。第二是生活，生活方式与生产活动高度关联。然后是生态，就是山水林草田园是无缝。我们中国农村土地基本上是荒的，但是你到国外看，农村没有一寸土地是荒的，这就是解决了三生空间的完美融合。

另外一个是“三农”的复合。农村基础设施水平与城市是均等化的，我们国家还落后了 50 年，欧美国家真正是城乡一体化的，人们是居住到乡村去的，所以未来中国的发展就是居住在乡村，它不仅仅是第二居所，也不仅仅是休闲度假。再过 5 ~ 10 年，中国低空开放，就是通用航空开放，情况还会更不一样。英国和美国的很多城镇都有通用飞机场，这些人第一居所在农村，开着飞机去上班。目前中国的飞机生产已经没问题了，最大的问题就是低空开放，5 ~ 10 年肯定会开放。

农业，要提供特优品种、精深加工、地域品牌这样一些农业产品，还有农民，今年已经明确了，农民未来不再是一个身份，而是一种职业。我们面临的是中国最大的一次社会变革。每个人要创业的话，最大的机会来自乡村。现在是 55% 的城市化率，大概还有 20% 左右的城市化率，城市空间还很大，但是城市增长空间已经被大型企业垄断了，很多民营企业很难进入了。乡村这块机会来了，所以企业要把政策研究透，看怎么去进入。

日本很多旅游的运营模式特别适合中国。它跟我们中国一样，人口多，密度大。我们在精细化管理、人性化管理、运营方面确实差得很远。我们喜欢谈概念、搞审批，在实践上面要差很多。

在日本，富良野是一个低丘缓坡地带，开始是种植薰衣草，只有 3000 亩地，规模不大，我们很多地方的薰衣草超过了这个面积。60 年以前，日本从法国的普罗旺斯引进栽种薰衣草成功，富良野在很北方，周边是海，湿度很大，就把普罗旺斯薰衣草那一套东西给日本化了。种得非常成功，人们把农田整理好了，薰衣草的颜色和麦田的颜色搭配起来，从 5 月到 10 月，各种花卉跟薰衣草搭配起来，让旅游旺季延续了很长时间。

关键是富良野的一二三产业融合做得非常到位。第一产业就是做景观农田。第二产业是薰衣草的深加工，第三产业就是做旅游。香皂生产、研发和检测，香熏洗发，还有自营加工厂，这些东西都是把薰衣草转化成工业产品。还有很多手工化体验的工坊，游客可以参与制作很多东西，比如黄油、面包、果酱、冰激凌、纺织品、玻璃，各种各样的活动。

然后就是乡村生活体验活动，有很多户外空间、户外活动，比如野钓、骑马，还有热气球观光。富良野把住宿设施也进行了体系化，有高端、中端、低端，针对不同的客群进行分工。

八、露营地的案例和模式

国际露营地与乡村旅游的融合发展有一个案例，就是德国的博登湖，这是一个露营地加湖滨的旅游度假区，露营地很集中、很大。

博登湖位于瑞士、奥地利和德国三国的交界处，是欧洲德语区最大的淡水湖，湖中的岛上有三座罗马教堂，是世界文化遗产。这个湖很大，大概有 66 公里长，14 公里宽，面积是 571 平方公里，是欧洲重要的滨湖型的度假旅游目的地。它每一年的过夜游客量达 1000 万人次，游客的接待量是 2700 万人次。我国人口基数那么大，湖泊度假远远达不到这个水平。游客在德国的平均停留时间现在是 3.2 天，整个湖域算下来是 5.5 天，完全是一个度假目的地。

博登湖的营地是分层分级的，有些只是一个帐篷露营地，有些是有房车的，有些是有木屋的。现在法国的四星级营地要求有木屋。有各式各样的生态木屋，有些木屋是属于档次比较低的，每晚 40 ~ 50 欧元，其实也不便宜。它的房车营位，同时可以住两个成年人和三个儿童，淡季的价格是 70 欧元，旺季的价格是 80 欧元。帐篷营地收费很高，帐篷营地更接近自然，成本最低，但收费是 60 ~ 65 欧元，比小木屋收费还要高。露营地集中活动区和集中设施区有烧烤、游泳池、SPA、电影院，有餐饮集聚区，还有一些演出。

在滨湖湿地公园提供很多亲水栈道，可以骑自行车、徒步，还有很多水上活动、陆地活动。这就是度假生活，人们晚上到营地里面居住，白天出去活动，皮划艇、帆船、自行车、徒步，到郊外，到湖里去。水上交通和娱乐活动丰富多彩，有游轮、大帆船、游艇、摩托快艇，各式各样。三个国家打通了沿湖的自行车通行体系，自行车道的总长度是200公里，划分成28段，其中20段在德国境内，每段都有专门的服务站、供给站，提供车辆修理，餐饮补给，还有小的服务驿站。有些是收费项目，比如园艺观光。还可以到葡萄园体验生活，喝葡萄酒，采摘葡萄，酿造葡萄酒，还有葡萄酒学校。住宿场所的选择也是多样化的。威尔斯堡就是一个小镇，属于大家聚集的地方。

这里还搞了很多活动，比如每年一度的诺贝尔奖获得者大会、汽车改装大会。还有一个很有吸引力的，就是在湖滨做漂浮戏剧节，完全漂浮在湖上的各种戏剧表演，可以充分发挥你的创意。

另外一个国际案例就是波尔多，世界葡萄酒的顶级产地，也有很多露营地。法国的露营地体系非常发达，在欧洲是顶级的。波尔多地区的露营地，密度在法国领先。

波尔多在法国的西南部，整个波尔多的乡村旅游、乡村度假产业，都是以葡萄酒作为主题，从葡萄酒的种植、农耕，农耕的护理，采摘，然后到葡萄酒生产出来，葡萄酒学校的培训，葡萄酒的体验，包括葡萄酒SPA，整个一套体系非常完善。

露营地加农业旅游，加拿大的欧肯那根河谷是很出名的。加拿大的冰酒主要是出自于这个河谷，它的露营地也很多。这个区域主要的产业就是农业，是乡村旅游度假地。北美的露营地做得非常大，因为它有很大的草地，土地空间大，人口少，所以露营地都做得面积很大，而且客源不愁，很多人喜欢在露营地里面过夜。在这里常常看到熊、狼等野生动物。

这里也做了很多户外运动，森林穿梭、水上运动、攀岩等，这是国外露营地相同的做法；然后就是自然学习、科普，比如植物的分类、植物的辨认，动物的分类、动物的辨认，都是小孩最喜欢的东西。还有青少年拓展的系列活动，需要专业的教练来培训，也是非常丰富的。

这里的精致化农业做得非常好，这是乡村旅游很重要的地方。主要门类包括红酒、玫瑰、莓果、草皮、有机蔬菜等，非常丰富，每个主题农场都非常明确，吸引力非常高，它的有机农业也经过了认证。除了冰酒，这里的玫瑰花非常好，有150个品种，精加工是它主要的收入来源。为了旅游发展，还配了各种莓果，比如草莓、树莓、黑莓、蓝莓。加拿大和美国有很多黑莓小镇、蓝莓小镇，丰收的季节是最美的。

还有露营地加特色小镇的例子，就是美国布兰森小镇。这个小镇居民只有7000人，可是每年去度假的美国家庭游客是700万，被美国人称为“最纯净的拉斯维加斯”。美国人是不太喜欢去拉斯维加斯的，他们喜欢去布兰森，一个音乐小镇。它出名是因为1983年乡村音乐大师布拉克在这个地方开设了一个小剧场，从此以后，这个地方就变成了一个剧场的集群，几十个各式各样的剧场集中在这儿。演员主要是一些过气的演员，还有一些不太出名的演员，但他们的表演水平都很高。

布兰森小镇的西边是露营集中区域，这个小镇没有这么大的空间，所以相当一部分的床位都来自于露营地，形成了一个集群，跟特色小镇结合起来了。它的音乐主题营地很大，不同颜色的车位对应着不同标准型号的房车，还有一些小木屋，露天音乐会做得非常好。音乐门类非常多，最早是乡村音乐，现在有乡村的，还有蓝调、爵士、摇滚、舞台剧，都很多。节庆活动也非常多，圣诞音乐嘉年华、布兰森世界音乐节、布兰森国际音乐大会、布兰森牛仔音乐狂欢节、房车音乐节，还有乡村音乐大赛。

从这些案例我们可以看出，露营地和乡村旅游，特别是田园综合体和特色小镇，都是密不可分的。

露营地连锁经营与营销创新模式
——途居露营的做法及打算

管　雷　途居露营地投资管理股份有限公司总经理

摘　要：在需求迅速增长的背景下，露营地的需要通过走连锁化、联盟化的路子，在标准化的同时，需要解决政策落地、消费理念、经营结构、主题特色等方面的问题，塑造核心体验价值，形成露营地核心吸引力和竞争力。

关键词：连锁 加盟 价值观 经营结构 主题创新

露营地的规划设计，是一门专业。怎么去布置，怎么去设计，都需要考虑今后运营管理过程的变化。从选址到设计，不能一开始就把营地空间定满了，因为在实际运营过程中，会出现很多问题，这就需要充分预计到，并留有余地。

关于市场和资源，我们有一个深刻的体会。自驾游也好，露营也好，消费市场的主体在沿海，在东部。中国东部沿海经济发达，人均 GDP 2 万美元以上的城市不少，像苏州这些城市都是旅游消费输出的市场。而旅游资源的主体则在西部。为什么我们国家大力推动发展露营地呢？西部是资源的主体，但接待设施不足。这是亟须解决的问题。

一、途居的露营战略

途居露营是奇瑞控股的六大板块之一，与汽车是同一板块，也彰显出奇瑞对途居相当的重视。在北京汽车博览会，奇瑞发布了一款新车，捷途 X70。X70 当时的发布，就是跟途居露营共同发布的。把汽车定位为一个出行的家的概念发布，汽车后市场跟露营地的连接，也彰显出来。大众汽车的 SUV 途昂也做过相关合作，把途居的营地作为试驾场地。

现在途居的主要业务是旅游产业的开发，包括工业旅游。以前我们的业务是露营地的开发建设运营管理，以及作为汽车主业的房车制造。2017 年 3 月途居露营成功挂牌了新三板。途居现在旗下有 7 个营地，其中 5 个营地是在运营的，芜湖的龙山露营地、安徽的黄山露营地、扬州的瓜州露营地、南通的开沙岛露营地、镇江的圌山露营地。此外还有湖南的昭山露营地、湖北的双峰山露营地，这两个露营地在建设当中，很快会进入运营。我们的中期战略目标就是 2020 年上主板，整个公司包括来自集团的支持，都在稳步推进这个目标的实现。而长期战略目标是轻资产的模式，推进途居营地的全国网络化。

二、途居的连锁模式

现在的连锁加盟露营地公司，我曾经总结了 5 种类型。例如山东有星河营地，立足于潍坊，辐射整个山东，与途居保持非常良好的合作关系。像朋克营地，是从露营地的装备起家，开始做连锁发展。这些模式实际上都有独特的连锁加盟的意味。那么途居为什么要做连锁，做连锁能够给营地提供什么？现在我们连锁营地面临的阵痛是什么？

我们做了中国露营地目前的运营痛点和营销分析。中国的露营地是一个亿万级的市场，前景非常广阔，但我们的露营地经营者存在很多的困惑。途居目前正式运营了 5 个营地，其中真正赚钱的有两个，有三个依然是亏损的。我们也在规划建设过程中走过弯路，回想一下，从选址立项，到运营，这中间真正实现了哪些原定的目标？

我简单说一下轻资产投资和重资产投资的概况。

途居露营重资产投资的是黄山露营地。第一期投资 3.7 亿元，加上没有完全投下去的钱，就算 3.9 亿元。作为一期项目，是重资产，应该说是失败了。当然按照我集团公司的标准，实施资源整合，我把两点几个亿的重资产，转移到奇瑞的其他公司去了，又实现了轻资产，把黄山营地的资产从 3.9 亿元减到了 1 亿元。2017 年实现营收 1900 万元，2018 年我们准备实现营收 2500 万元。2500 万元收入对应 1 亿元的投资，是可以保持盈利的。作为国企，我们的融资成本是比较低的，我是 5% 的融资利率，集团给我的财务成本就是这样。作为民企，可能会是 10% 或者更多。投入 1 亿元，一年要有 500 万元的财务成本，你怎么去把运营成本降低到几百万元的水平，这实际上是不可能做到的。

关于露营地，经过这几年的快速发展。我参加过各种会议，也跟很多露营地经营者交流过，我发现这个行业更替蛮快的，每次开会我见到的熟面孔越来越少。这反映出露营地是一个高速发展但也是高度不稳定的行业。

三、露营地投资运营的痛点

连锁化、联盟化需要标准化，而营地发展也需要多样化。这个趋势已经呈现得比较明显。露营地从之前依靠住、吃已经逐渐发展到要玩。新型的露营地开始重视各项增值业务，包括二消产品营收。这些是目前大多数露营地面临的问题。

露营地运营的痛点，我们总结了五个方面。

第一是政策落地。政府对露营地的支持还是有所欠缺。近年来旅游管理部门联合相关部委出台了一些文件，特别是 2016 年，政府的支持是最大的，例如在制度上解决了房车的上牌、上路问题。但是在露营地用地方面，实际上没有真正的解决。我们对接的项目土地，有 40 个地方政府，真正落地的或者即将落地的只有 5 ~ 7 家。为什么？就是因为土地问题。我们是国企，所有项目都要经过发改委的审批、立项，还要到国资委审批。所有的过程中如果有一项不合规、不合法，就走不下去。

当然有一些民营企业会打擦边球。所有做营地的一定要遵守程序，第一个就是土地，要合规合法。可以通过招拍挂购买土地的形式，但是购买土地作为营地来说，几乎是不可行的。关于土地的租赁合作，和谁合作？这个是营地的经营者需要关注的，我们现在基本上走的是租赁，或者和政府合作的方式，必须拿到合法的土地。

拿到土地以后，消防报批、公安报批、卫检报批、环保报批等，都非常重要。这后面所有的报批跟土地都有关系。土地不是你的，拿不到消防报批，特行批准是很难拿出来的，反过来说露营地的注册落地都是有问题的。这需要明确的政策支持。文化和旅游部、国家体育总局，都在大力推进营地建设，按照计划“十三五”期间要达到2000家露营地，即便是每个露营地只需要100亩土地，那也是很难保障的。

第二是消费理念。提到露营概念，一般认识是我背个背包到野外，挂个帐篷在里面住一下。这其实是把野营跟露营对等起来。很多人有这种理念。除了我们业内的宣传之外，我们的业态也存在整个社会的接受问题。例如做地产的反过来做露营地就有一个巨大的落差。我是奇瑞地产板块的董事长，也是奇瑞途居板块的董事长，这两块我同时在做。我现在拿地产补贴露营地，我要把露营地推向主板上市，而且是三年之内，为什么？因为要做规模。我觉得露营地这个行业太美了，太值得我去做了，我做了7年，目前还没有什么大的进步，但是我希望若干年，3年、5年之后，能为这个行业的推动做出一定贡献。

做个对比，100亩土地做地产，我一年完成20亩，可以净赚8亿元。做营地，我这边是600亩，投入了10亿元，2016年是亏3000多万元，2017年已经接近打平，2018年会盈利2000万元，这是我的目标。2018年的前4个月完成得非常好，整个营地的发展势头还是很不错的。2015年、2016年的时候，我们营地做得很困惑。2017年比2016年的营收指标增长了58%。

途居露营的考核是三个数据，营收、利润、现金流。在管理口径上，财务运行的指标是什么？在利润上，营地给我的贡献率是多少？总体看，露营地板块完成得非常好。南通的开沙岛露营地，从试运营到现在短短的4个月时间，效果远远超过预期。扬州的瓜州营地，营收从2016年的日均2.5万元，到2017年的日均3.5万元，到现在接近日均5万元。应该说，我们探索出来的这条路，营地还是有很高的利润、很大的市场、很大的潜力的。

第三是经营方面。考虑的问题就两个：一个是钱，另一个是人。我感觉露营地的人才非常缺乏。这个专业和普通的旅游专业有很大区别，我们希望通过培训、认证等方式聚拢这样的人才，多交流，少走弯路。

第四是营销的旅游化。露营地市场不等同于普通的旅游市场，也不等同于普通的节假日市场。很多的露营地在节假日人是满的，在周末人是满的，假日经济、周末经济非常突出。怎么解决星期一到星期四的问题？这是露营地要思考的，要与周边酒店完全区分化，这是我们的奋斗目标。现在很多露营地跟周边的景区、城郊接合部的酒店，进行同质化的竞争。在三线城市的五星级酒店，打完折就是300多元一天，你露营地凭什么收600多元、800多元。你能做什么？人家要体验什么？除了提高综合经营以外，我们还要给客户提供丰富的体验和口碑。要一传十,十传百，人家才会来第二次，才会有更多人来。

第五是产品的同质化和低质化。现在的露营地，同质化的东西比较多，导致了低质化的竞争。有些露营地，包括一些驿站式的露营地，要走中低端的路线。但大多数露营地，还是要走高端的路线，至少是收费的。当然我是奇特的并不代表我的投入就是巨大的。

现在很多露营地观光性很强，参与性很差，线路设计不佳。途居从去年开始做线路运营。我们做了218线，推出来以后，当地的旅游局，包括省旅游局都非常支持。现在218线把我们的露营地串联起来了，在山东推广了以后，短短十几天时间定单就达到600万元，一个218线对我们营地产生的经济影响是600万元。我们的营地从点到线，然后带面。除了自己做大量的露营地以外，我们要把整个统一品牌的营地做市场的统一化部署。

四、露营地经营结构

途居现在做的综合性露营地比较多，但是城乡接合部也在做。像知名景区的带动，黄山营地极大提升了黄山旅游。素质拓展、生态学习等，都是对景区旅游的一个补充。

露营地的营收，分为五大类：住宿、餐饮、休闲游乐、营位出租、场地出租，我们的经营板块无非这五大类。

第一是住宿。在 2015 年、2016 年，途居营地的住宿占到营收比重最高的时候是 62%，包括房车住宿、帐篷住宿和木屋住宿。我们没有集装箱，集装箱也是营地里面比较好的住宿业态。在提升整个营收绝对值的同时，如何降低住宿的营收占比，这个非常重要。2017 年，营地住宿收入基本上占到 40%。2018 年我想最好能做到 20% ~ 30%。

第二是餐饮。烧烤、野炊这些都是营地体验集中推崇的一些东西。

第三是休闲游乐。营地的休闲游乐跟游乐场的概念不一样。营地没法去做大型的游乐设施。营地要轻资产投入，整个营地的基础设施投入已经占到 40%。一个营地 5000 万元的投入已经不算小，但其中 2000 万元也就投个基本建设，还有 2000 万元是投到住宿单元里面去，买 100 辆房车差不多 1000 多万元，还有木屋。剩下的几百万元投什么？投入二消产品，增值业务中间去。这几百万元不可能做大型的设施。针对不同的营地，例如城乡接合部的营地、景区配套的营地，我们做什么样的项目？为什么要做二消项目，因为要赚钱。如果没有二消项目，肯定是死路一条，这是我们做营地这么多年的真正感受。但是怎么使人家再消费？第一是我们要增加露营地，第二我们怎么使人家能够滞留在营地。很多朋友到我的营地去体验，第二天回来跟我说，我就花了汽油费开车到你的营地住了一晚，很无聊地住了一晚，环境是很好很舒适，但晚上不知道干什么，除了看星星，就是在营地的房车看电视。途居在这方面做了一些有益的尝试。

第四是营地的出租。很多人到营地，包括驿站式营地，也包括城乡接合部的营位，并不租房车，就是租个营位和朋友一起烧烤，或者打两盘麻将，简单喝点东西就回家了。营位出租，还包括自驾车营位的出租。这块不能作为营收的主要方面。营位简单说是房车停车位的数量，有相关的标准，露营地的自驾营位的数量需要达到多少。但营位超过一定数量的话，是赚不回来的。100 元的停车费人家都嫌贵。如果是做停车场、做驿站，这都是基础设施，而不是经营设施。我希望政府加大支持力度，不要过于苛刻，否则会制约营地的发展。我做一个营地有 30 个营位，我从土方、场平到管道设置再到绿化，一个营位的投资是 30 万 ~ 50 万元。如果按 100 元一天收租金，而且还是不饱和的，是收不回什么钱的。

第五是场地出租。比如婚庆场地出租、会议会展场地出租、拓展场地出租、大型活动场地的出租。扬州瓜州营地每年一度的瓜州音乐节是很赚钱的，一天 2 万 ~ 3 万人，进来要消费，一天基本上是20万 ~ 30万元的营收，当然了要付出活动举办的成本。

五、核心体验价值观

途居的计划，在三年之内做大约 20 个直营露营地，50 个以上的连锁加盟；5 ~ 10 年之内，做 30 个直营，超过 100 家甚至到 300 家连锁加盟，这是我们的战略目标。

总结来说，露营客户的核心体验价值观是自然、野趣、益智、亲为，我们是围绕这 8 个字做营地的。从项目选址到运营，一直是围绕这 8 个字。

我们的营地是自然的。这个自然是有度的概念。途居在第一个营地，树干直径超过 5 厘米以上的树都保留着。直径超过 1 米的石头、树干直径超过 5 厘米的树，我都在测绘图中标注出来。我要保护森林，为什么？我举个例子，种一棵 20 厘米的香樟树，移植过来以后，冠径几乎给打得没有了，再长 5 年冠径还达不到 10 厘米。我们营地要去保持自然，这是吸引广大消费者的重要观念。野趣，就是营地有野趣的体验活动、休闲活动、娱乐活动。我们最早研发做的华中快乐大本营和森林探险项目，非常符合营地的需要，比较自然也比较野趣。益智的概念是什么？我们现在做了很多尝试，特别是 2017 年以来，做了一些研学。再一个是亲为，营地是互动的，一定是客户跟经营者之间的交流，要有亲为的活动。

六、主题产品

围绕着 8 个字的核心体验价值观，途居对全生命周期的客户群，在旅游、体育、汽车、购物、出行、教育这六个方面，打造了一个房车全价值的生态圈，也是一个多产业融合的“露营 +”的概念。途居露营推出了五大主题，由营销中心和运营中心实施，这对今后的发展至关重要。节庆、欢聚、研学、康养、购物，这五大主题中，有些已经突飞猛进了，我们的发展已经超过之前的预想。

第一是节庆主题。我们的节庆比较多，节假日、五一、十一、情人节，包括世界杯，等等。途居做了一个小软件，所有的高管打开软件，会看到针对他的产品进度。例如每个营地的哪些活动已经开始，哪些活动在10天后结束，哪些活动10天后开始，所有跟五大主题相关的东西都有提示。每天的营收，通过不同的卡通方式表露，没完成是红色的，基本平行的是黄色的，完成的是绿色的。这个软件系统用了之后，对整个工作有很大帮助。

第二个是欢聚主题。婚庆、生日、毕业等主题，主要是在城乡接合部的营地，景区依托的营地在欢聚主题这一块做得相对比较少。

第三是研学主题。我们现在很多露营地在做，夏令营、亲子营、营地教育等。我们现在要求所有的营地，要纳入教育部门、旅游部门、企业部门的青少年活动的盘子，要拿到证书，特别是教育系统的证书。拿到了以后，星期一到星期五，可以利用上课时间做营地教育。

第四是康养主题。出生在20世纪五六十年代的人，目前年龄接近老年人，还能出游活动。他们为国家改革开放做出了巨大贡献，现在很多闲下来了。中国老年化人口不断增加。我们为有康养需求的人群打造第二个家，打造多维的、丰富的露营生活体验。

第五是购物主题。这个购物是有地方特色、有质量保障的商品。不是像各个旅游点一样通过旅游团去拉动购买消费。我们吸引顾客在营地体验的同时看到这个产品，他觉得他需要。我们发现进入营地93.3%的是有车族，有车的话买东西就很方便，比跟旅游团方便很多。2017年购物产品推动以后，黄山营地这方面营收大概是300万元。2018年春节期间黄山营地做到200多万元，其他4个营地加起来600多万元。

七、连锁加盟模式

连锁加盟有两种形式，一个是特许经营，另一个是委托管理。目前我们有43

个加盟，其中委托管理的是 4 个，大多数是特许经营。特许经营真正的收费是从 2017 年开始，之前的很多连锁加盟没有收费的。因此在这 43 个中实际上有 22 个是真正意义的加盟企业，今年还在扩大。

我们给连锁加盟的营地提供十项支持：选址、规划、建设、产品、推广、品牌、管理、培训、市场、活动。我们有比较专业的规划、建设的团队，以前做地产的团队还在，营地建设不需要在外面请。

再比如管理支持，我们建立了信息系统，财务人员可以从 3 个减少到 1 ~ 2 个，而且可以把整个财务数据全部拉到一起。途居是从生产型、制造型的企业发展起来的，后走到旅游业。制造型行业的财务相当规范，我们做年报表、季报表到月报表，现在到周报表、月报表。整个露营地的财务收入、财务成本的数据，二消产品数据、营销的数据，包括进货的数据，每天打开我的电脑都是很清晰的。哪一个营地出现了红灯，哪个营地是绿灯，非常清楚。这对我们指导营地的运营和发展，有很重要的作用。连锁加盟就要提供给他们服务。当然了，财务可以不与我们共享，我可以教他们怎么做共享的东西。

我们还做了 CRS 系统，就是我们整个途居的会员系统。CRS 系统包括手机终端的微信微博的推广、订购系统等。这些系统都已经上线。这些服务不仅是对我，还给连锁加盟的所有企业。我可以给你带来产品、带来服务、带来客户、带来大数据。

我的保障部门是为运营部门服务，运营中心是为我的营销中心服务，那营销中心是为什么服务？是为市场和客户服务。我们把内部部门形成客户关系，不是我能不能管你，实际上是客户关系在管你。

八、新的行动和计划

营地与汽车的关系，特别是后市场这一块很重要。我们提供周边旅游用车的服务。怎么解决最后几公里的路程？我们提出网约房车和共享房车的概念。我们准备一年之内在海南岛投入 5000 ~ 10000 辆的共享汽车、1000 辆网约房车。2017 年 12

月 4 日，奇瑞和美国企业签订了一个合作协议，要年产 8 万辆高端自行式房车和改装车，包括世界最先进的消防车、救护车。2018 年 11 月，国家体育总局的汽车房车露营大会在芜湖的龙山营地举办，奇瑞搭出一个 2000 平方米的场地，展示整个的房车改装车，包括与移动出行相关的服务。

中国的房车后市场会飞速发展起来。作为汽车制造企业，奇瑞集团非常重视，给我的指示就是 2019 年最好做起来 1 万辆共享汽车、1000 辆的共享房车。技术不是问题。实际上 20 天就可以生产 1 万辆共享汽车，只要有地方安放。途居包括奇瑞的房车，希望跟露营的各行各业携手一起，为推动房车和露营地更好更快发展做出应有的贡献。

国际露营产业现状和发展趋势

贺　伟　艾威国际房车有限公司露营地开发总监

摘　要：露营、房车、露营地，是场地和设施，也是生活方式和态度，发自美欧，经久不衰，欣欣向荣，越来越热。美国和欧洲形成了多样化的营地类型和多元化的露营旅游方式。国际上的露营行业组织、露营旅游企业有很多好的做法和经验，值得中国借鉴。健康、创意、以人为本、可持续发展是露营产业的趋势。

关键词：休闲露营　露营历史　行业组织　企业品牌

一、重点术语和分类

第一个词语是露营。通常认为，露营是一种使用帐篷等设备不在室内的户外活动。关键词，一个是帐篷，另一个是户外，并且强调过夜。还有一种解释是体育行业的界定，是用自备设备通常以帐篷为主，以户外住宿、户外活动为目的的生活方式。

什么是休闲露营？露营最早追溯的话，从人类开始有活动的时候，住宿和劳作都在户外。随着狩猎和农耕的发展，尤其是狩猎活动的发展，出现了帐篷设备，包括使用到现在的蒙古包。这些都是临时、可移动的住所。露营地有小木屋、帐篷、房车、集装箱，还有树屋等，各种不同形式的非固定建筑的住宿设施。露营中使用的交通工具，不一定非得要房车。古代没有汽车的时候，人们就开始露营活动了。骑马、骑自行车或者是徒步都可以用于露营。

第二个词语是房车。美国的叫法是 RV，字面翻译是娱乐性的车辆。总体分为拖挂式房车和自行式房车。旅游行业里把拖挂式房车定义为无动力系统，也就是需要外力牵引来行驶的房车。优点是价格低，住宿空间大一些，因为没有驾驶室。自行式房车则拥有自身牵引力，有发动机，优点是驾驶方便，机动性强，不用摘挂，缺点是价格高，空间小，需要日常保养。

休闲露营的初始是从帐篷开始的，房车是最高端的形式。房车露营经济实惠，自由自主，集中性强。美国有专门调查机构分析，一个结论是房车露营比传统的乘坐飞机、火车到各地住酒店要便宜 1/3 到一半。一般是三口之家或者是四口之家出行，当然条件是要有房车露营地。房车露营是从帐篷升级而来，美国、欧洲是经过 100 多年的时间，一点点发展到房车露营来的。

第三个词语是露营地。中国的行业标准对露营地的定义是，为露营生活和野外活动提供住宿配套的场所。我们常说房车露营地，也有人说汽车露营地，关键是接待什么样的车的能力。目前来讲中国的房车保有量不大，露营地主要是接待自驾车。能不能接待自驾车是能不能尽快收回投资的最主要的一个考虑。

露营地按照功能分为多种。例如按照服务对象和设施多样性，可以分为驿站型和目的地型。自驾车旅游都有一个体会，开了一天的车，晚上需要休息。也许找不到酒店，驿站型的露营地就非常适合，第二天休整完了接着走，不必在露营地里花很长时间，我的目的也不会在露营地里，像新疆、宁夏、内蒙古等西部省区，以及辽阔的大的自然景区，非常适合建设露营地，特别是驿站型的。还有目的地型的露营地，像北京龙湾国际露营公园，娱乐设施非常多、非常全，自驾车来到这里玩两三天也不觉得乏味，这是很完美的。

还可以按照开发程度来划分露营地类型。例如美国，就包括原始型、半原始型、半开发型、开发型，开发强度从低到高。Primitive 是原始型露营地，是只有步行或骑马可以进入的并且没有为露营者提供任何设施的露营地；Semi-primitive 是半原始型露营地，只有步行、骑马或骑摩托车才能进入，有一些为露营者提供的最基本的旱厕或篝火设施的露营地；Semi-developed，是半开发型露营地，有两个或两个以上房车或木屋营位，可以驾车进入，建有道路和厕所；Developed，是开发型露营地，有两个或两个以上房车或木屋营位，提供水源，建有道路、排污、冲水厕所和淋浴设施。

国家公园或者州立公园非常适宜设立露营地。北美地区有 3 万多个露营地，美国 26000 多个，加拿大 4000 多个，其中有将近一半是建在国家公园和州立公园里的。这样的自然保护地，是不允许高强度建设的，只是提供简单的房车或者是自驾车的简易设施，配套简易厕所，也就是原始型或半原始型的露营地。

RV Park 是房车公园，定义为：任何属于个人、组织，或政府部门的，用来为公众或组织成员提供两个或两个以上房车、木屋，或其他露营住宿设施营位的地块。美国的大多数房车公园都具备一定的规模，同时娱乐和户外运动设施也多一些，提供的服务全面周到。

二、休闲露营简史

关于近代休闲露营的起源，有好几种说法。

第一种说法是在 1853 年出现了各种形式在野外的露营，同时出了第一本露营手册。活动有自行车、骑马、滑板等。英国和美国都进行了大量的露营活动。这是休闲露营的开端。

第二种说法是在 1907 年，在英国成立了第一个露营俱乐部，是自行车露营者和其他俱乐部合并的。

第三种说法是源于 1869 年由威廉墨菲写的书，书中专门描写了在山洞里的露营生活，吸引了大批的记者和读者前往露营。

此外比较重要的是青少年教育地，在 1860 年由一对美国夫妇创办，他们带着孩子们到森林里进行了 12 天的户外活动，包括露营、划船、钓鱼等，后来野外教育活动一直保留下来成为传统。青少年的户外教育在各国都成为露营活动的主要部分。现在的孩子在学校课堂上拼命地读书，应付考试，研究怎样能考得好，却缺乏了对综合素质的培养，比如对自然的热爱、团队合作、有效解决问题的能力等。户外露营非常有助于培养孩子们的综合素质。

为什么举美国的例子，这是因为露营真正是从美国开始的。虽然欧洲人有了开端，但快速发展是在美国。20 世纪初，美国家庭汽车开始普及，这是一个阶段的标志。还有就是国家公园里房车的出现，也是美国露营历史发展的标志。

有人把 1800 年到 1994 年的这近 200 年的历史中，重要事件、发明和产品走入市场作为标志。例如 1872 年在国家公园建立了第一个接待女性的旅游地；1891 年第一把瑞士军刀发明上市，1895 年这个公司成立，是做露营的工具；1910 年美国的第一个露营地在纽约建立；1914 年第一盏科尔曼的露营灯上市；1917 年第一辆五轮式拖车诞生，虽然没有像现在这么豪华，但原理是一样的；1919 年旅行俱乐部成立；1942 年“二战”中美国使用的科尔曼电池，后来成为露营用品；1967 年第一辆大众面包车式房车下线。

房车的诞生是 100 多年前，一开始不是大批量生产的，人们用轿车后备箱装着帐篷和露营器。后来逐渐发展出第一个自己改装的车。美国当时加油站还不多，高速公路没有出现。1910 年是后来公认的美国房车工业元年。

自驾车旅游，就是驾驶小客车出游，特点是到哪儿都可以下车。这是最早的自驾游形式。美国也是经过这么一个发展阶段，觉得哪里风景好便停下来，开始做饭露营。但这样就会造成环境的污染，而且容易和当地居民产生纠纷。本来这里环境很安静，自驾游的多了，就弄得一片狼藉。经过很多年，才有了专门的、规范的露营地。房车露营在欧美是一种生活方式，经久不衰、欣欣向荣，而且越来越热。

三、美国露营业发展现状

2017 年，美国房车市场的成交量是 504600 辆，比 2016 年的 43 万多辆增长了 20%。美国第一次针对房车工业对经济的影响和贡献的调查是在 2016 年进行的。调查显示，2015 年美国房车工业为经济做出了近 500 亿美元的贡献，提供了将近 29 万个全职就业岗位，创造了 57 亿美元的税收。美国目前房车保有量是 1100 万辆，平均 9 个家庭有 1 辆房车。美国的露营地有 2 万多个，加拿大有 4500 多个。

KOA，全称 Kampgrounds of America，这是美国最大的露营地连锁企业，是露营行业里的麦当劳。你的露营地可以选择 KOA 的品牌，每年交一定的费用，他给你做指导。如果你有地想建营地，要建个 KOA 的，他也全面给你指导。他根据你的营地所处的环境进行分析，帮助你进行设计，投资规模多大，建什么东西，他都可以指导。

KOA 从 2014 年开始，与第三方机构合作，每年对北美的露营市场研制年度报告。根据调研报告，2007 年参与露营的北美家庭的数量是 7700 万，比 2014 年增加了 600 万，大部分是华人。在美国，露营家庭占到家庭总量的 17%，2016 年这个数字是 14%。露营者对新型住宿方式积极尝试，背包徒步露营、自行车露营、帐篷露营有所增长。这说明露营方式并不只是房车。露营文化在北美根深蒂固，人们尽可能地接近自然、享受自然。

露营分为静态露营和动态露营。静态露营，比如说年龄大的人肯定愿意晒太阳、看书，这个是欧美地区非常流行的，尤其是老年人；或者是大家坐在一起聚会聊天、看书、钓鱼，进行一些不剧烈的活动。动态露营的活动就不一样了，比如骑马、骑自行车，还有卡丁车等比较剧烈的活动。

还有露营者的出行距离，一般是 80 公里左右。根据调查报告，近年来新加入的露营者明显有进露营地的倾向，同时近距离露营会增加露营者露营的次数。露营过夜天数，无论是在欧洲还是美国，都是很重要的衡量指标。露营者在户外住宿一天，就是一个露营过夜。房车露营过夜 3 天以上的人数最多，因为比较方便。其次是帐篷露营过夜和小木屋露营过夜，小木屋露营过夜 3 天的占比近 60%。

对露营地种类的选择，最多的是国家和州立公园的露营地。原因之一是便宜。这种露营地是非常原始的，提供简单的露营设施，收费不高，几美元甚至有的原始型营地是免费的。这种营地的界限很明确，也很严格，不许在这个区域以外的地方搭帐篷。这个区域里有树林、好风景，有固定的烧烤设备，有垃圾箱，有一个旱厕。在这个区域里几十亩地、几百亩地你可以选择合适的地方搭你的帐篷过夜，并不收费。他们选择的第二位的是非会员制的私立露营地。新的露营者在选择露营地的时候，有五个重要的因素：第一个是干净整洁的接待中心；第二个是青少年友好度；第三个是自助活动娱乐多；第四个是可以接待宠物；第五个是免费观察。

在露营地里，小孩活动的娱乐项目非常重要。相当一部分是带孩子出游的家庭。房车是自己的，还是借的、租的也有比例，根据调查，自有房车出行和露营的比例是最大的。还有露营时可以进行的户外活动也是很重要的吸引物，包括背包徒步、垂钓、自行车、划船、参观古迹等。

KOA 的这些调研不仅统计了已经发生的露营数据，同时也为发展趋势提供了重要依据，也就是什么样的人去露营，他们用什么样的露营地，愿意用什么样的注册方式。这些趋势判断是重要的研究依据，可以指导这个行业的发展。

四、其他国家和地区的露营业状况

德国房车工业协会对 15 个主要的欧洲国家的调研结果显示，在欧洲 26000 个露营地里有 36700 个露营过夜天。这个数据是非常庞大的，虽然欧洲不大，但是露营人口非常巨大，一天平均 100 万人。在德国，露营过夜天数超过所有的德国酒店宾馆的过夜天数。

欧洲一年有 3 亿多的露营过夜天数，营业收入是 34 亿欧元，如果加上餐饮和娱乐，露营地的综合收入是 142 亿欧元。值得注意的是，许多房车车主在服务区和现代化停车场过夜。这种服务区和现代化停车场过夜是 6400 万次，加上 4800 万次白天进行的露营，也就是说不过夜，那么露营地以外的露营收入是 41 亿欧元；再加上露营地的收入，就是 183 亿欧元。根据欧洲房车协会的各个成员提供的数据，2015 年房车销售加售后服务是 187 亿欧元，其中 88 亿欧元是新车销售的收入，68 亿欧元是二手车房车的收入，18 亿欧元是售后服务的收入，还有 13 亿欧元是零用配件的销售收入。

通过欧洲和美国的露营房车的现状，可以看到这个市场规模有多大。我们要增加信心，中国的房车和露营前景也是非常好的。很多行业协会组织观摩团到美国去考察露营地，我建议他们去欧洲。美国和欧洲是不一样的，美国的条件和情况不太适合中国的国情。美国的房车太豪华，没有皮卡拉不动，欧洲的房车就不一样了，即便是个轿车 2.0 排量以上的就可以拖动。中国的交通情况和场地情况也与欧洲比较相近，平地比较少，山地多，路比较窄。

在澳大利亚，人口不多，但是地方非常大。最近中国的游客去澳大利亚比较多。澳大利亚的房车保有量是 586000 多辆，其中自行式房车是 58000 多辆，拖挂式房车是 520000 多辆。十个房车车主有七八个人的车是拖挂式的，两三个人的是自行式的。开自行式房车的往往都是退休的，主要是有时间。年轻的上班族，不可能把一个自行式房车用一年。2015 年，澳大利亚的露营规模达到了 1100 万次。到澳大利亚的游客中，有 37 万多的国际房车游客。中国到澳大利亚的房车露营游客数量达到 19500 人次。2017 年的数据显示，到澳大利亚的中国人的房车住宿的天数比原来长了，原来是 2 天现在是 5 天。

2016 年，日本的房车保有量是 100400 辆，日本的房车工业协会判断总量 UI 继续增长。日本的房车总销量当中自行式 B 型房车，也就是我们说的面包车式房车占的比例是 37%，自行式 C 型房车占 24%。日本的山地多，道路窄。这跟我国的台湾很像，台湾有很多营地，露营观念根深蒂固，小孩子从小就跟着家长、学校露营，但是台湾的营地不是房车营地，绝大多数是帐篷营地，可接待房车的营地很少，占比大概只有 10%。日本的露营地保有量是 3000 个。

五、露营业相关机构、活动和标准

1933 年，国际露营、汽车露营和房车露营联合会（以下简称 F.I.C.C.）成立于英国，当时包含了来自 7 个国家的 16 个俱乐部。经过 80 多年的发展壮大，到 2014 年，F.I.C.C. 已经囊括了来自 35 个国家和地区的 60 个俱乐部和协会，会员总数已经超过了 120 万个家庭，350 万露营者。第 80 届世界房车露营大会是 2014 年在北京龙湾国际露营公园举办的，非常轰动，这是第一次在中国举办的国际房车露营大会。

欧洲房车协会（European Caravan Federation，ECF），创建于 1964 年，是欧洲房车生产企业的保护组织，总部设在瑞士的苏黎世。欧洲 13 个国家的房车企业都参加了该组织，包括：比利时、丹麦、芬兰、法国、德国、英国、意大利、荷兰、葡萄牙、斯洛文尼亚、西班牙、瑞典和瑞士，成员达到 1370 个。

ACSI 是欧洲最大的露营联盟，ACSI 在欧洲主要提供有关露营以及假日宿营地的相关信息，也是欧洲访问量最大的露营网站。截至目前，在欧洲，有 9873 家露营地接受 ACSI 的监管。联盟的露营地都是独一无二的，每年接受 ACIS 组织的监督管理。ACSI 露营联盟并不提供营地的排名，它只提供营地的客观的信息和质量标准。露营者自己能够给营地评判并加以排名。

The Caravan Club 是欧洲最大的房车俱乐部，拥有超过 100 万房车会员、300 个营地，提供旅游服务、咨询、保险等服务项目。英国的 Motor Caravanners’ Club 是有 42 年历史的唯一一个房车爱好者自助服务的俱乐部，它拥有 3000 个营地，大部分在乡村，靠近小酒馆、公园、体育俱乐部的地方。

全德汽车俱乐部（All gemeiner Deutscher Automobil–Club e. V.，ADAC）总部位于慕尼黑，是一家企业化运作、非营利性、混合性的法人组织。它是德国最大的交通协会，是欧洲最大的汽车协会。现有超过 1800 万会员，在世界上仅次于美国汽车联合会（AAA），是世界第二大汽车协会。该俱乐部围绕超大数量的会员需求，如保险、救援、培训、露营地测评、各类刊物的发放、旅行、车辆检测等服务项目，系统地搭建服务平台而形成大型的服务企业，在欧洲独家占有该行业的市场。

美国房车公园与露营地协会 (ARVC) 于 1966 年成立，是代表房车公园、露营地利益的协会，有近 4000 个会员，近万个私营营地及营地设备供应商。

关于房车露营的标准，我们已有了中国的国标和行业标准。国际上 F.I.C.C. 制定了露营地标准，时间是 20 世纪五六十年代。一星级露营地至少是每营位 80 平方米的面积，没有要求营位数量。二星级的营地至少要有 6 个营位。三星级得有三星级的规模，相对要大一些。四星级的每个营位是 150 平方米。可以看出要求条件是逐渐升级。其他的要求还有环境卫生、设施设备、娱乐活动等。规模不是最重要的，要是说做生意，摊煎饼的不一定干不过开大饭店的，做经济型酒店不一定比五星级酒店差。

ACSI 欧洲露营联盟还有风险管控的标准，包括风险的类型、导致的后果，以及应急方案的制订、人员疏散等。要求欧盟所有的露营地要达到他们要求的标准，能够应对人为的风险、自然的风险。露营地基本在开阔地区、郊野地区，火灾怎么办，地震怎么办，泥石流怎么办，进来一个歹徒怎么办，都有相应的要求。美国《NFPA-1194 房车公园与露营地标准》除了针对露营地等级的划分定义，也有针对防火和营位建设规范、道路安全规范等的具体要求，有关电器安装、饮用水安全等相关标准则按照各自的国家标准来指导和要求，引用标准没有　　列举。

还有露营地的运营标准。这不是硬件的标准，而是运营服务的要求，包括娱乐活动、户外活动，例如游泳、划船、拓展、徒步。还有露营地以外的活动。露营者住在这里，到露营地以外的周边的活动要求都有，非常仔细也非常严格。比如水上的活动，如果是划船的话，那么对救生衣的数量、质量都有要求。

六、发展趋势和启示

房车的生产技术越来越先进，质量越来越好，越来越环保健康，这是肯定的。各国对健康的要求都很严格，甲醛等有害物质不能超过多少都有具体的规定。还有新能源的采用。露营地的趋势是连锁企业增强，也越来越权威。

露营地的住宿设施多样化是一个明显的趋势。有的豪华型露营地，都是帐篷，但里面的感受和外在的环境完全不同，设施非常豪华，已经成为帐篷酒店。还有树屋、集装箱，非常有创意。

发展露营旅游，具有很高的社会效益和环境效益。绿水青山就是金山银山，有效结合全域旅游、田园综合体、特色小镇等新的形态，发展露营产业有巨大的空间。露营也非常有助于开展青少年综合素质教育。现代人在紧张的生活工作中，需要调整身心，接近大自然是必需的生活方式。我国的旅游资源丰富，旅游市场规模大，但是与自驾游人数相比，露营接待设施还不多，针对房车旅行，能够达标的营地还不够。

露营地的建设要避免一些误区，不是越豪华越好，硬件越多越好。硬件只要有钱就能做，但最关键的是能不能有生意。策划是非常重要的，不是说有一块地我就可以规划设计，一定要先策划接待什么样的客人，生意从哪来，内容为王。

露营地一定要有舒心的环境、暖心的服务、安心的设施、赏心的活动，强调生态环境保护，实现可持续发展。要明确市场需求是第一位的，然后才是专业的配套。虽然露营地跟酒店在管理上比较接近，但不是说酒店管理就可以照搬到露营地。越是专业的露营地，越是需要专业人才来管理。

第三部分
地方篇

江苏自驾游及房车旅游发展综述

陈劲松　江苏省旅游局综合法规处处长

江苏自然环境优美，文化底蕴深厚，在长三角都市圈中占有极其重要的地位，特别是区域旅游合作与一体化进程的加快，城际高铁、高速公路的贯通，地铁轻轨交通方式的发展，以及旅游服务方式的转型与升级，为自驾游及房车旅游的发展提供了更为广阔的空间。

一、基本数据

目前自驾游主要有四种类型：自驾车旅游、落地自驾游、房车旅游（房车露营）、旅游风景道。

（一）自驾车旅游

短距离的自驾车旅游更适用城市周边游，目前大部分自驾游客还是钟情于周边游，一则双休日假期决定了只能走周边游线路；二则超过 3 小时的车程，旅游的舒适度和安全度就明显降低；三则自驾游是乡村游最佳途径，据调研结果显示，城市周边乡村旅游区（点）90% 以上的客源都来自于自驾游。

（二）落地自驾游

长距离的跨省自驾游已逐步由“高铁 + 租车 + 旅游”“飞机 + 租车 + 旅游”的方式替代，也就是我们常说的落地自驾游，落地自驾游现已被广大游客接受。江苏省旅游局与神州租车公司合作在江苏境内高铁站点和机场都开设了落地自驾租车服务点，并推出了“租车 + 酒店”“租车 + 景点”“租车 + 一日游”等落地自驾游产品。

（三）房车露营

房车旅游市场还是以“车房住宿”和“好奇体验”为主。休闲度假式的房车旅游还处于萌芽期，以“自驾车 + 房车住宿”露营体验吸纳自驾游客群为主，开着房车去旅行的游客群数量还很少。目前被江苏省旅游局命名的综合性房车露营地有 8 个，驿站式房车露营地有20个，在建或拟建房车露营地有27个，省级自驾游基地有67个。

（四）旅游风景道

按照国务院《“十三五”旅游业发展规划》要求，2017 年，江苏省旅游局率先启动省级旅游风景道创建工作，命名了首批 13 条江苏省旅游风景道。2018 年继续开展旅游风景道创建工作。

二、发展特点及亮点

江苏自驾游及房车旅游发展起步早，2009 年，江苏率先编制全国第一个自驾游地方标准——《自驾游基地设施与服务规范》，并同步开展了自驾游基地创建试点工作。2012 年，全国首个标准化房车露营地——苏州太湖 1 号房车露营公园正式运营；

2017年国内第一条房车旅游线路——“旅居环太湖”房车旅游线路正式启动。2014年，推出江苏省落地自驾产品，推进全省落地自驾服务体系建设。江苏的自驾游及房车旅游发展有以下特点及亮点：

（一）点面结合，合理布局“房车露营地＋房车驿站”服务网络

综合性房车露营地与房车驿站的相互结合是江苏自驾车与房车旅游的特色。目前，长三角地区自驾游市场体量与规模已占据旅游市场大半江山，但自驾游公共服务还相对滞后，特别是自驾车与房车驿站和休闲露营基地建设成为制约自驾车与房车旅游发展的瓶颈，为此，江苏省推出“房车露营地＋房车驿站”的自驾车、房车旅游服务网络，一是选择在区位、交通、资源、生态、业态、客流等优势点位建设标准化房车露营地作为自驾车、房车露营基地；二是结合江苏自驾游基地网点多的实际，选择自驾游基地、旅游景区、乡村旅游区、高速公路服务区等节点建设微营地作为房车驿站，为房车加水、充电、排污提供便利，并建设少量的房车车位，供房车宿营和短暂休息。“房车露营地＋房车驿站”的网络构成点、线、面全方位服务，有效解决了自驾车、房车旅游过程中服务保障问题。

（二）资源整合，极力推进微营地落地乡村旅游区与高速公路服务区

为壮大房车露营市场规模，扩大房车旅游影响，江苏省十分重视微营地建设，一方面，专题调研乡村旅游区（点），研究布点建设房车微营地可行性，发现在乡村建设微营地有以下优势：一是乡村旅游区（点）的生态好、环境优，露营有自然禀赋，同时宿营在乡村里的房车成为吸引游客的新景观；二是微营地解决了乡村旅游区（点）因土地指标少造成住宿配套难的问题；三是微营地投入少，除了配置几辆房车外，只需要简单的水电配置，以及利用现成的简易厕所和冲淋洗浴房设施；四是有利于促推房车销售商与乡村旅游区的相互合作，互惠共赢，为房车销售提供广阔的乡村推广平台。另一方面，在高速公路服务区布局建设微营地。2018年，江

苏省旅游局与江苏交通控股集团签订战略合作协议，积极促推高速服务区的微营地建设，将逐步在高速公路服务区增设水电桩和排污设施，建设适量的宿营车位，并为房车旅游提供露营咨询和信息服务。

（三）示范引领，开发以旅游目的地为中心的旅居休闲线路产品

利用太湖的知名度和美誉度，以太湖为旅游目的地，充分满足自驾游客需求，开发“旅居环太湖”自驾车与房车旅游线路。2016 年起，苏州太湖一号房车露营公园开始策划并编制了“旅居环太湖”自驾车与房车旅游线路产品，2017 年正式发布；以古城南京为旅游目的地，整合南京的旅游资源，以南京汤山房车露营地为基地，以南京周边景区点和乡村旅游区为微营地，策划并编制了“旅居金陵”自驾车与房车旅游线路。通过“旅居环太湖”和“旅居金陵”产品的示范引领，下一步江苏省将以房车露营地和房车驿站建设为依托，继续开发以“大运河”“洪泽湖”“扬子江”为主题的旅居休闲度假产品。

（四）政府推动，充分发挥国企、民企、个企的优势和特色

我们始终遵循“市场主导，企业主体，政府推动”的原则，把建设数量相适应的房车露营地作为发展自驾车、房车旅游的首要任务。各级政府通过在土地、金融、水电、交通等方面提供优惠条件吸引商家投资房车露营地，通过招商引资，江苏省引进了大型民营企业途居房车露营管理有限公司，先后在扬州、镇江和南通建设了不同类型的综合性房车露营地，并促成多家驿站型房车营地加盟途居旗下，使途居在江苏形成了露营地连锁经营服务网络。同时，我们鼓励国有企业利用自身资源和平台优势，开发建设各具特色的房车露营地，如南京旅游集团在南京慢城投资建设了首个度假型房车露营地，并逐步在江苏布局建设度假型房车露营地；盐城大纵湖度假区在区内建设了特色集装箱露营地，引爆苏北市场。在政府的鼓励和引导下，个体企业也看好未来房车旅游的巨大市场，纷纷选址投资建设各类型房车露营

地，如苏州太湖一号房车露营公园、南京汤山温泉房车露营地和常州金坛宝盛园房车露营基地都是各具特色的房车露营地。

三、本地支持政策

为促进江苏自驾游及房车旅游发展，江苏省先后出台了以下政策。

（一）发布《江苏省国民休闲纲要》

2013 年，《江苏省国民休闲纲要（2013—2020）》发布，提出将打造全省旅游休闲体系，确定了增强旅游休闲意识、保障旅游休闲时间、拓展旅游休闲空间、完善旅游休闲公共服务、打造旅游休闲品牌、促进旅游休闲消费等 8 项重点任务和措施。对推动自驾车营地建设，延伸拓展旅游汽车租赁服务，完善自驾游服务保障体系提出了具体规划和措施。

（二）发布《自驾游基地设施与服务规范》

2010 年，江苏省质监局发布《自驾游基地设施与服务规范》地方标准，规范自驾车与房车露营地的建设与服务。江苏省旅游局启动自驾游基地创建工作，布局建设自驾游服务网络。

（三）房车旅游区域规划和服务标准

2012 年，沪苏浙皖共同发布了《长三角房车旅游发展大纲》，为房车旅游的区域联动发展确立了目标方向，其中对江苏房车旅游营地建设和线路进行了远景规划。2013 年 9 月，沪、苏、浙、皖联合发布了《房车旅游服务区设施与服务要求》，为长三角发展房车旅游提供了行业标准。为了规范房车旅游及房车营地建设的标准化，自 2015

年起，苏、沪、浙、皖共同开展“长三角房车旅游标准化示范营地”创建与评定工作。

（四）开展江苏省房车露营地建设试点

2015 年，按照江苏省政府 85 号文件《关于全面构建“畅游江苏”体系促进旅游业改革发展的实施意见》提出“畅游江苏”体系建设的指示精神，江苏启动了全省房车露营地建设试点工作，探索“自驾车 + 房车露营”的自驾车房车露营地建设模式，积极开发“房车露营地 + 房车驿站”房车线路产品。

（五）开展落地自驾服务体系建设

2015 年 8 月，江苏省旅游局出台《关于推进全省落地自驾服务体系建设的实施意见》，推进“互联网 + 租车旅游”和“租车 + 景点（酒店）”服务模式。与神州租车公司签订战略合作协议，在江苏境内高铁沿线站点与机场布局租车旅游服务点，实现大交通与小交通无缝对接、旅游与租车无障碍对接、线上与线下平台有效对接的落地自驾服务体系。

（六）政府引导资金支持自驾游与房车露营地

2010 年江苏省将自驾游基地纳入政府年度旅游引导资金项目，2013 年将房车露营地纳入政府年度旅游引导资金项目和引导基金，2015 年将部分地方房车露营节纳入露营主题营销活动，并给予资金支持，同时，每年配合各类主题宣传活动，组织省级媒体、电台、电视台与各地自驾游俱乐部共同开展“畅游江苏”的自驾游系列活动。

四、存在问题

通过市场调查分析，目前房车旅游发展还存在一些制约和瓶颈问题：一是人们对房车旅游和房车营地还不太了解，甚至认为房车旅游是高不可攀的高端消费，大多数人还抱着观望、好奇心理看待房车旅游。二是房车上路、驾照定级、公路收费等政策还没有普及大众、深入人心，大部分游客还不清楚房车旅游政策。三是房车停靠、房车使用等相关配套设施还欠缺，有房车没有场地停放。四是当前房车露营地偏少，特色不鲜明，服务不到位、不规范。并且当前营地投入大，见效慢，缺乏有效的赢利模式。五是房车租赁模式和市场尚未形成，缺少各类房车租赁经营公司。

五、展望和建议

自驾车、房车旅游发展的前景十分广阔，市场潜力巨大，是当前江苏省促进旅游产业转型和消费升级的重要引擎，并将逐步成为江苏省旅游发展的新亮点和旅游经济的新增长点。从总体上来看，当前我国旅游市场的主力和方向仍然是自驾车旅游，房车旅游尚处于发展的初级阶段，房车营地建设刚刚起步，房车旅游服务体系尚未建立，需要政府把握机遇，积极有为、乘势而上，推进江苏房车旅游发展，在政策引导、标准制定、服务管理、营地建设、市场环境等方面积极培育和大力推进。

（一）加快出台发展房车旅游的相关政策、行业标准和管理制度

首先，政府要出台发展房车旅游相关政策。一是带薪休假制度有待出台。目前《国民旅游休闲纲要（2013—2020 年）》仅属于规划层面，真正要实现国民带薪休假，还需要出台具体的实施细则和办法，保障公民真正有闲、有钱去休闲、度假、旅游。二是出台促进房车旅游的相关优惠政策。政府相关部门在土地、交通、税收、金融、保险等方面出台促进房车旅游的优惠条件，鼓励企业投资建设房车露营地。三是出台房车上牌、上路、收费、驾照定级等具体细则和规定。政府部门应对房车领取牌照、驾驶证、上高速以及有关房车使用等各个方面涉及的规章制度进行梳理，明确和细化房车车辆分类、上牌照程序、高速公路通行规定、路桥费收取标

准、驾驶技术要求与驾照级别等管理规定。

其次，加快构建房车产业标准和房车露营行业标准体系。目前房车旅游政出多门，各唱各调，旅游、体育、交通部门都出台了部门标准，全国休闲标准化技术委员会也出台了行业标准，部分省也出台了地方标准，房车旅游尚没有形成统一的或权威认定的国家标准或行业标准。一方面政府及相关行业协会应加强协调合作，组织力量，借鉴国外成熟的标准体系，建立一整套符合中国国情的房车旅游及露营地标准体系；另一方面政府要加快出台房车产业标准，规范房车的设计、生产、配套与使用等，起到规范市场、引导生产、促进房车旅游发展的作用。

最后，出台房车旅游行业管理制度。建立和完善独立的房车及露营地行业协会管理机制，通过良好的行业自律体系和专业服务体系，为房车旅游发展提供组织和技术保障。关键词是独立。通过成立各级自驾车旅游协会、房车旅游联盟及露营联盟等行业协会，建立露营行业管理制度，规范房车露营经营管理。建立房车旅游行业管理和服务人员培训制度，提高房车旅游管理和服务的专业化水平。旅游职能部门应适应旅游产业发展和市场需求，把房车旅游纳入专业管理，设置房车旅游管理与服务专业，建立自驾游行业培训体系，为房车旅游产业良性发展提供各类人才。

（二）鼓励企业投资房车经营公司，建立健全多级房车租赁体系

目前全球的房车旅游消费以租赁形式为主，即使是房车产业发展了百年的西方国家，其供租赁的房车数量仍占很大的比例，约为70%。结合国内房车市场发展现状，当前要重点推动房车租赁业发展。一是与机场、重要公路、铁路交通枢纽相结合，建立多级房车租赁网点体系。在主要城市、主要旅游景区设立房车旅游服务中心和房车租赁服务点，提供租车、结算、代驾、信息、救援、维修、保险等基本租赁服务。二是出台房车租赁和异地还车行业规范，完善房车租赁和异地还车等服务内容。借鉴国际成熟的管理技术和经营模式，开展异地还车、电话和网络预约、电子货币结算等业务。鼓励应用卫星定位、导航等先进技术，提高房车租赁服务水平。三是充分利用江苏高铁与航空发达的优势，鼓励房车租赁企业与机场、高铁站

合作，联合开发如“飞机＋租车服务”“火车＋租车服务”等专项服务，积极推进房车落地自驾游，拓宽业务领域范围，优化产品结构。

（三）建立房车旅游公共服务体系

由政府职能部门支持建立房车旅游公共服务体系，包括交通、信息、金融保险、维修保养、安全救援等服务内容。一是加强交通干线和营地、冷僻景点间的交通连线建设，在高速公路及主要干道设立旅游交通引导标识系统。二是搭建房车旅游公共信息平台，为房车旅游爱好者提供房车租赁、营地信息、旅游线路、目的地旅游资讯、安全知识与技能、房车的保养与维修等全方位的信息。三是积极开发培育房车融资和保险理赔等金融产品，为房车旅游产业提供资金支持和相关金融保险服务。四是依托现有医疗卫生资源，建立反应迅速、覆盖全面的医疗救援体系。五是成立房车旅游呼叫中心，为房车旅游提供咨询、投诉、应急救援等服务。

（四）加强房车旅游相关网络建设，建立房车旅游信息系统

首先，加强房车营地网络的建设，实现网络化经营管理。成立房车营地经营公司或房车旅游经营公司，使全省范围内房车营地构成一个互动网络，通过网络化连锁经营，使房车旅游者可在全省范围不同的地区使用营地，在任何营地都可以租用房车和异地还车，并提供相关的维修保养、应急救援等配套服务，使全省范围内房车运营互动便利、安全可靠。其次，建立房车旅游信息系统，实现房车旅游服务信息化。充分利用现代化通信技术和互联网络手段，建立房车生产销售网络、房车租赁网络、房车营地网络、房车会员网络、房车旅游服务网络，打造江苏房车旅游电商服务平台，发挥线上服务优势，网上搞定房车旅游信息查询、服务预订、金融结算等服务，推进房车旅游的线上和线下业务的有机结合。房车旅游服务的信息化、自助化和智能化，将极大提升旅游服务品质。

“一部手机游云南”新战略下的云南省自驾游产业分析

曹思阳　云南省自驾车与房车露营协会秘书长

2017 年是“十三五”的承上启下之年，也是云南省旅游产业转型升级的重要之年。旅游业在整体保持了稳步发展的态势同时，以资源为导向的观光旅游逐渐向以体验为导向的休闲度假游过渡，大众旅游、全民休闲、散客出行的趋势更加明显，自驾游作为适应个性化、特色化、散客化旅游市场需求的新业态，日益受到市场的青睐。加快自驾游产业的发展不仅是深化旅游供给侧结构性改革、推动旅游产业转型升级的有效途径，也是提升人民生活质量、拉动内需的需要。

由云南省省长阮成发牵头力推打造的全域智慧旅游项目——“一部手机游云南”是云南旅游发展的重中之重，围绕旅游产业转型升级这一核心，以 32 条精品自驾游重点线路为载体，全面提升汽车旅游营地、旅游厕所、旅游公路、游客服务中心、通信基站等“八大要素”的配套水平。这一旅游战略，将为云南旅游市场治理提供新载体和新思路，既能重构云南旅游新生态，也能为全国旅游产业转型升级起到带头、引领和促进作用。

一、产业发展现状

（一）云南省旅游产业总体发展现状

2017 年，随着“一部手机游云南”的持续推进，云南省政府在紧抓旅游市场整治的同时，及时地出台了一系列发展措施，有效地促进了自驾旅游产业的发展，据统计，该年，云南省接待海外旅游者 667.69 万人次，同比增长 11.21%；接待国内旅游者 5.67 亿人次，同比增长 33.29%；实现旅游业总收入 6922.23 亿元，同比增长 46.46%，其中，自驾旅游者达到 3.51 亿人次，占旅游总人数的 62%，庞大的旅游市场基数为云南省奠定了良好的发展条件。

（二）云南省六大片区旅游产业发展现状

——滇中旅游片区。滇中旅游片区包括昆明、玉溪、楚雄三个州市，2016 年接待游客总人数超过 1.5 亿人次，旅游总收入接近 1500 亿元，占全省比重分别为 35.64% 和 29.93%，汽车保有量超过 340 万辆，自驾游客突破 6400 万人次，收入超过 700 亿元，约占总游客的 43%。是全省最大的自驾游客源地。随着沪昆高铁全线贯通，滇中旅游区将以长水机场和高铁沿线的辐射区域为核心，以庞大的汽车保有量为支撑，打造一流的自驾旅游目的地，总体来看，该区仍是云南省旅游发展的“龙头区域”。

——滇西北旅游片区。滇西北旅游片区包括迪庆、丽江、大理三个州市，2016 年接待旅游总人数达到 9354 万人次，旅游总收入达 1331.11 亿元，占全省的比重分别为 21.70% 和 28.16%，汽车保有量达到 80 万辆，自驾旅游人数超过 5000 万人次，占旅游总人数的 55%，收入近 600 亿元，是云南省第二大旅游区，也是高原旅游优势资源较为集中的区域。

——滇西南旅游片区。滇西南旅游片区包括西双版纳、普洱和临沧三个州市，

2016年接待旅游总人数达5884.94万人次，旅游总收入突破700亿元，占全省的比重分别为13.65%和14.83%，汽车保有量达到60万辆，自驾旅游人数近4000万人次。值得一提的是，该片区是目前最主要的出境自驾旅游途经地，可以通往老挝、泰国、柬埔寨等东南亚国家开展自驾旅游，也是省外前往东南亚自驾旅游的必经之路，根据泰国清孔口岸统计，每年有超过5万人次的中国游客以自驾的方式进入泰国旅游，是未来自驾游产业发展潜力最大的区域。

——滇东南旅游片区。滇东南旅游片区包括红河州和文山州，2016年接待旅游总人数达5089.26万人次，旅游总收入突破425.87亿元，占全省的比重分别为11.81%和9.01%，汽车保有量达到50万辆，自驾旅游人数近4500万人次，约占总人数的88%，随着深度自驾旅游产品的持续开发，滇东南片区的自然、人文、美食、历史等资源将呈现出更大的发展潜力。

——滇西旅游片区。滇西旅游片区包括保山、德宏和怒江三个州市，2016年接待旅游总人数3416.45万人次，旅游总收入430.79亿元，占全省的比重分别为7.93%和9.11%，汽车保有量45万辆，自驾旅游人数约1537万人次，占旅游总人数的45%，是全省旅游发展水平较弱的区域，但是，随着温泉资源的开发、缅甸出境自驾游（暂未全面开放）、边境游线路的完善，该片区将具有较大的发展潜力。

——滇东北旅游片区。滇东北旅游片区包括曲靖市和昭通市，2016年接待旅游总人数4210.55万人次，旅游总收入300.1亿元，占全省的比重分别为9.79%和6.35%，汽车保有量突破80万辆，自驾旅游人数约3700万人次，占旅游总人数的90%，目前滇东北旅游片区资源相对较分散，旅游发展水平相对较低，是通往四川、贵州、广西的重要途经地，具有旅游区位战略意义。

二、产业发展基础

（一）政策支撑条件

2017年7月，云南省人民政府印发了《云南省加快推进旅游产业转型升级重点任务的通知》，要求大力发展自驾露营旅游产品。大力推进露营地建设，支持发展落地自驾、异地租还车、分时租赁车等新业态。不断完善自驾游信息管理服务系统、自驾游服务网点体系、应急救援体系、旅游指示标识系统，高标准建设一批自驾游线路。到2020年，完成100个自驾车、房车露营地建设，培育5个连锁型、网络化租赁车公司，将10条省内自驾旅游线路、5条跨省自驾旅游线路、5条出境自驾旅游线路打造成国际知名的品牌自驾线路，把云南省建成一流自驾旅游目的地。

2018年2月，云南省人民政府印发了《云南省“一部手机游云南”工作领导小组关于印发云南省精品自驾旅游重点线路建设方案的通知》及《云南省汽车旅游营地建设工作方案》，要求力争到2020年，全面完成全省32条精品自驾旅游重点线路建设任务，带动全省400个以上汽车旅游营地的建设，并同步实现数字化管理服务要求，接入“一部手机游云南”平台，使云南省形成布局合理、管理规范、功能齐全、配套完善的，在全国具有较高知名度和影响力的自驾旅游产品体系。

2018年7月，云南省人民政府旅游产业领导小组印发了《关于配合制定支持云南自驾旅游产业发展实施意见的通知》，通知要求云南省发改委、省国土资源厅、省公安厅、省住房城乡建设厅、省消防总队等12个委、厅、局出台具体的自驾游、房车以及营地的配套政策，狠抓落实、深挖盲点，责任落实到具体主管部门，针对汽车旅游营地现存主要问题中的立项审批难、合法经营难、依法保障难等问题进行了专项研究。这是开启云南省自驾旅游产业发展时代的重要标志。

（二）旅游资源条件

从产业发展动力来看，云南省地处我国西南边境，自然资源丰富，民族文化多彩，海拔落差较大、生物物种多样，气候环境宜人，交通条件良好，全省有建成的A级景区235余个。云南不仅是重要的旅游大省，更有潜力打造为世界一流的自驾旅游胜地。从产业格局来看，云南省自驾旅游人数占比高于国内平均水平，落地自驾、出境自驾上升趋势尤为明显，都为云南省自驾旅游及相关产业提供了得天独厚的发展基础。

（三）旅游配套条件

根据“一部手机游云南”工作领导小组的要求，在云南省各级政府的大力推动下，截至2020年，全省将建成游客休息站、观景平台398个，旅游厕所754个，自驾车租赁网店74个，沿线旅游小镇127个，新业态旅游项目184个，通信基站1578个，全面构成支撑自驾游产业需求的服务体系。

（四）道路交通条件

2017年，云南省公路总里程已经达到23.8万公里，高速公路通车里程达到8000公里，铁路在建和运营里程达到8000公里，水运通航里程4294公里，机场在建和运营数量达到70个、开通航线460条以上，开通航线406条。截至2020年，预计建成旅游干线公路30条，旅游环线公路24条，旅游连接线公路67条，旅游支线公路23条，特殊道路23条。这些为云南省省内自驾游、跨省自驾游以及跨境自驾游的发展奠定了良好的发展基础。

（五）营地建设现状

自2014年以来，云南省汽车旅游营地数量开始提速增长，截至2018年，全省建成具备基本接待条件的营地有38个。

（六）汽车租赁现状

目前云南省汽车租赁呈现出快速发展的态势，据云南省汽车租赁行业协会提供的资料，2016年云南省已有646家登记备案的租赁单位，租赁车辆达1万多辆，云南省的汽车租赁行业已经粗具规模。在租赁网点布局上，根据在百度地图上可搜索到的汽车租赁网点数量可知，云南省汽车租赁点主要以滇中城市群为主，其中昆明市总量达 636 个，大理州 309 个，其他州市租赁网点较少，尤其是云南省旅游热点地区的西双版纳州、丽江市和迪庆州，可搜索到的汽车租赁网点数量分别为 41 个、61 个和 9 个。

表 3-1　云南省汽车租赁网点情况统计

序号	州市名称	网点数量（个）
1	昆明市	636
2	曲靖市	152
3	玉溪市	148
4	楚雄州	89
5	大理州	309
6	红河州	138
7	保山市	137
8	德宏州	104
9	普洱市	59
10	西双版纳州	41
11	文山州	73
12	昭通市	152
13	丽江市	61
14	迪庆州	9
15	怒江州	8
16	临沧市	46
合计		2162

备注：以上数据为百度地图可搜索到的汽车租赁网点数量，检索时间 2018 年 7 月 30 日。

三、产业发展特点

（一）市场品牌优势稳固

自 1995 年起，旅游业已经成为云南省四大支柱产业之一，旅游大省地位逐步稳固。2013 年，“七彩云南，旅游天堂”荣膺“中国十佳旅游”口号，进一步提升了云南旅游的市场知名度，树立了品牌形象。现阶段，云南省旅游产业正处于转型升级的重要时期，以自驾旅游为主的休闲度假旅游业态渐成气候，在市场基础层面，可全面继承云南省现有的品牌优势，深度挖掘云南省旅游资源潜力，加快旅游业转型升级进度，高位打造自驾旅游市场形象。

（二）资源组合优势突出

从全国来看，云南省的旅游资源丰富，特点鲜明，独树一帜，北有雄壮的雪山冰川，南有广袤的热带雨林，西有蜿蜒奔腾的“三江并流”奇观，东有壮观的喀斯特地貌，中有众多高原湖泊和四季如春的气候条件，自然资源丰富多彩；在人文旅游资源上，52 个民族形成了绚丽多彩的地方民族文化和丰富独特的节庆活动，民族风情浓厚，历史文化悠久。自然与文化的交融，加之多元立体的气候特征，使得云南旅游资源组合优势突出，唯一性、独特性资源无可比拟。

（三）边境区位优势明显

云南地处我国西南边陲，与南亚、东南亚多个国家接壤，和纵贯全省的国际河流“澜沧江—湄公河”构成了良好的区位条件。其中，直接接壤的国家有老挝、越南、缅甸，同时辐射泰国、柬埔寨、马来西亚、印度等国家，目前云南有 25 个国际口岸、多个跨境经济区和边境合作贸易区，为开展出境自驾游提供了先天优势，随着“一带一路”战略的稳步推进，云南省的旅游战略区位作用将日益明显，将成为西南地区乃至全国赴东南亚自驾旅游的集散中心。

（四）交通体验优势独特

云南省特殊的地形地貌造就了云南省的丰富多彩的交通体验感，从雪山到雨林，从平川到险滩，从草甸到河谷，围绕众多元素可以打造出最为独特的驾车体验模式，脱离“高速公路式自驾游”，从而全方位满足市场消费需求。

四、展望及建议

（一）展望未来

根据《云南省“一部手机游云南”工作领导小组关于印发云南省精品自驾旅游重点线路建设方案的通知》以及《云南省“一部手机游云南”工作领导小组关于印发云南省汽车旅游营地建设工作方案的通知》的总体要求，按照《云南省精品自驾旅游重点线路修建性详细规划》全面推动云南省精品自驾旅游重点线路以及汽车旅游营地的开发建设，力争到2020年，全面完成全省32条精品自驾旅游重点线路建设任务，带动全省400个以上汽车旅游营地的建设，并同步实现数字化管理服务要求，接入“一部手机游云南”平台，使云南省形成布局合理、管理规范、功能齐全、配套完善的，在全国具有较高知名度和影响力的自驾旅游产品体系。

（二）发展建议

1. 打造、完善自驾游业态支撑体系

——构建便捷租车服务体系。在云南省现有租车服务体系的基础上，注重汽车租赁行业龙头企业的培育，在全省有选择地培育2～3家重点汽车租赁企业，协助创造良好的融资条件、出台相关鼓励政策，制定与完善汽车租赁行业法律规范，健

全汽车租赁行业法律法规，对汽车租赁行业从业资格、市场检查、行为监督、违章处罚等进行全面规范，引导云南省汽车租赁行业向品牌化、规模化、标准化方向发展，力争“十三五”期间，使云南省汽车租赁行业网点布局更加合理，租赁服务更加优质，落地自驾与异地还车更加便捷。

——打造丰富营地产品体系。以《云南省汽车旅游营地建设工作方案》为指导，根据《云南省精品自驾旅游重点线路修建性详细规划》进行营地产品建设规划，力争到2020年，在优先支持的32条精品自驾旅游线路沿线178个汽车旅游营地建设的基础上，带动200个以上其他各类汽车旅游营地建设，使全省汽车旅游营地规模达到400个以上，力争在全省范围内形成不同特色、不同规模、不同功能的营地产品体系，引导云南省营地产品的品牌化、规模化、连锁化、标准化发展。

——完善相关旅游要素体系。以自驾游旅游新业态发展为契机，全面带动云南省吃、住、行、游、购、娱旅游六要素的丰富与升级，构建一批诸如营地料理、露营住宿、营地娱乐等新型业态产品，提升改造一批存量六要素业态产品。

——延伸发展其他产业体系。根据自驾游产业链体系，积极推动上下游产业业态发展，如汽车制造业、汽车保养维修服务业、户外用品制造与销售服务业等行业的发展。

2. 制定自驾游政策支撑体系

汽车旅游营地按旅游项目类型供地，根据项目区内的不同功能区域，分别按照旅馆用地、文体娱乐用地和公园绿地管理，由各级国土资源、林业等有关行政管理部门依法确定供应地价、供应方式和使用年限并给予审批；汽车旅游营地纳入景区序列登记管理，由各级发展改革部门牵头协调相关部门对项目立项手续进行并联审批；汽车旅游营地管理服务公司纳入酒店服务序列管理，自驾游俱乐部纳入旅行社序列管理，由各级工商行政管理部门按照申办程序给予登记注册；自驾游领航员纳入导游序列管理，由各级旅游行政管理部门按照相关规定进行统一管理。

3. 塑造良好的自驾游公共服务环境

根据《云南省精品自驾旅游重点线路修建性详细规划》，全面推动云南省旅游公路、旅游厕所、观景平台、游客休息站、汽车租赁点、应急救援点、通信基站、标识系统8大要素的优化建设，全面提升云南省32条自驾精品线路沿线的景观系统、基础服务设施等建设水平，为云南省自驾旅游者塑造良好的自驾游公共服务环境。

4. 强化自驾游人才保障体系

完善自驾游专业人才引进、培养机制，充分利用交流学习、社会培训等方式，加强专业人才的培养，为全省自驾游健康持续发展提供智力支持。

——积极引进懂运营、懂管理、熟悉自驾游行业发展的高端人才，指导全省露营地的建设，引导自驾游市场的有序发展。

——加强露营地与自驾游专业人才培训，在全省旅游职业教育教学中开设露营设施设备类、交通安全类、急救医护类、运营管理类的专业性突出、针对性强的课程；同时，与国内外成熟的露营地发展区域建立交流合作机会，积极吸收国内外先进的建设运营管理经验。

——大力支持露营地与自驾游的专项研究，加大对露营地与自驾旅游市场的关注，探究市场规律，创新自驾游产品体系，积极研究露营地与自驾游发展的体制机制、发展模式，科学指导全省露营地与自驾游健康、有序地发展。

目前，云南省自驾旅游产业的发展仍处于起步阶段，基础配套设施有待完善，资源优势有待整合，线路产品有待打造，相关法律有待健全。但是近五年来，该产业发展取得了丰硕的成果，随着“十三五”规划的持续推进，旅游产业的稳步发展，配套政策的逐步完善，消费理念的日渐普及，培育自驾旅游产业链的大环境已经形成，从松散型、小体量、无序性的状态逐渐向高端化、国际化、特色化的方向发展，相信在未来3～5年里，自驾旅游产业将全面带动公共服务设施的建设，全面带动旅游扶贫战略的推进，全面带动自驾旅游服务体系的建立，实现全面带动国民经济的快速增长。

自驾龙江　大美黑龙江

——浅析黑龙江省自驾车旅游市场现状与未来发展

于　洋　黑龙江省旅游协会自驾旅游分会秘书长

一、黑龙江旅游资源优势

黑龙江旅游资源丰富、交通便利，与南方旅游产品有着完全不同的美，特殊的地理位置、气候条件、人文历史赋予了黑龙江旅游自然、自在、神奇、浪漫的色彩。

黑龙江是全国纬度最高的省份，年平均气温4℃左右，气候清爽宜人，林区每立方厘米含有负氧离子2.7万个，在这里可以修身养性、吸氧洗肺，是盛夏中的避暑胜地。黑龙江还是水土资源配置最佳的地区，发展生态养生旅游具有得天独厚的优势。全省面积近一半被森林所覆盖，有全国最大的连片林区，拥有“天然空调”和“天然氧吧”之称；有全国最大的湿地群，全国46个世界重要湿地中的8个在黑龙江省，还有23个国家级湿地自然保护区、41个国家级湿地公园。全省自然湿地总面积5.5万多平方公里，占全国湿地总面积的1/8，全省湿地具有面积大、类型多、生物多样性丰富的特点，分为河流、沼泽、湖泊、库塘4大类15型，湿地景观类型丰富而独特。这里还是世界野生丹顶鹤种群数量最多的地方；有最纯净的水系，最静美、最神奇、最浩瀚的湖泊，世界第二大高山堰塞湖镜泊湖、世界三大冷矿泉之一的五大连池和中俄界湖兴凯湖；拥有中国的两个极点——“神州北极”漠河和“华夏东极”抚远；有中国最重要的对俄边境旅游区，是“一带一路”战略东部陆海丝绸之路的重要节点。

黑龙江冰雪旅游独具优势，是全国冬季旅游最受欢迎的地区之一。这里有世界规模最大的冰雪节和冰雪主题公园——哈尔滨冰雪节、冰雪大世界；有世界最大的雪雕艺术群——太阳岛雪博会；有世界最大的室内滑雪场——哈尔滨万达娱雪乐园；有世界唯一的丹顶鹤冰雪栖息地——扎龙湿地；有中国最大、最专业的滑雪场——亚布力滑雪旅游度假区；有中国最具极致雪韵美景的地方——雪乡；有中国面积最大的冰雪红松林——伊春；有中国最大规模的冰瀑布——镜泊湖；有中国唯一的圣诞老人村和中国极寒之地——北极村；有中国姿态最优美的雾凇林——库尔滨雾凇。此外，中俄边境游、中俄界江界湖游、哈尔滨时尚生活游、动植物观赏游、民族风情和历史文化游等主题游都极富吸引力。

二、黑龙江省自驾游的发展

黑龙江旅游在快速发展的同时，公路里程数也在不断地增加，交通设施不断地完善，截至 2018 年 2 月，黑龙江省高速公路总里程达到 4512 公里，普通国省道二级及以上公路达到 1.3 万公里，农村公路达到 13.8 万公里。以哈尔滨为自驾游集散中心，沿东、北、西三条主线路发展自驾游，已形成半圆式的发展结构，形成了几条特色的线路，陆续地自驾车房车营地建设也初露端倪，正在规划和建设中。这其中主要有以下几条特色线路和已经成熟的房车营地：

（1）东部自驾线路

绥满高速哈尔滨到绥芬河线路：

哈尔滨—亚布力—中国雪乡—镜泊湖—牡丹江—横道河子东北虎林园—哈尔滨；

哈尔滨—亚布力—牡丹江—穆棱—绥芬河—东宁；

哈同高速哈尔滨到同江市：

哈尔滨—佳木斯—同江—抚远；

哈尔滨—佳木斯—双鸭山—红兴隆—饶河—同江—抚远—哈尔滨。

沿绥满高速哈尔滨到绥芬河沿线的自驾线路，景区四季主题鲜明，享誉国内外的亚布力阳光滑雪度假村、中国最北的熊猫馆、亚洲最大的水上乐园、中国雪乡等，集成一个观光、休闲、度假、滑雪的全域旅游生态圈，打造了一个全新适合自驾发展的休闲度假胜地。在2018年年底开通的哈尔滨到牡丹江快速铁路更是解决了出行和出游人员的刚需，让全域旅游的范围扩大。亚布力的自驾房车营地在规划中，中国雪乡的众阳房车营地在冬季旅游旺季的时候解决了雪乡住房难的问题，而且解决了中国北域一个独特的在严寒的冬季还能正常运营的房车难题，完善的基础设施、接待中心、服务中心、营销中心，给黑龙江的冬季营地增添了新的活力。大海林林业局的原始林风景区的自驾车营地目前的功能只是接待咨询、停放自驾游车辆，相应的房车配套设施还在完善中。绥芬河打造的中俄自驾房车营地已经投入使用中，解决了部分高端游客住宿的需求。佳木斯、双鸭山等还没有成熟的自驾车营地，鹤岗的黄金古镇自驾车营地目前已投入使用，配套设施还在完善中。黑龙江省东部房车营地几乎都是在规划和建设中，没有严格上的标准营地，只是在初步阶段，需要资本的大量投入。

（2）北部自驾游线路

哈尔滨—伊春—嘉荫—黑河—五大连池—北安—哈尔滨；

哈尔滨—北安—五大连池—黑河—嘉荫—伊春—哈尔滨。

伊春比较成熟的房车营地是好运通自驾房车营地和新青的小兴安岭户外运动谷自驾车营地，好运通在黑龙江省是最早的一个自驾车营地，新青的自驾车营地是比较健全的综合性营地，拥有木屋、别墅、帐篷、营地房车、树屋等，旅游项目有山地车、户外拓展、漂流、穿越、民俗等，解决了伊春到嘉荫中途休息的问题，是夏季和冬季良性营业的房车营地。黑河打造的中俄自驾车营地在中俄跨江大桥建成后会提供服务，现在是规划设计中。五大连池风景区的自驾车营地已投入使用，但是只是初始阶段的私家车使用，供部分私家房车停放，营地房车和营地所需的水电栓等还没完善。

（3）西部自驾游线路

哈尔滨—大庆—杜尔伯特；

哈尔滨—大庆—齐齐哈尔—加格达奇—漠河。

成熟完善的房车营地还不健全，只是以私家车停放、旅游接待咨询为主。

漠河的北极村目前在建的营地，在2019年能投入使用，规划是依托黑龙江，在中国北极建一个综合性的住宿、休闲、度假的旅游度假区，房车配套设施等同步建设。

哈尔滨周边成熟的房车营地目前有龙鸿山庄自驾车房车营地，占地52万平方米，预计投资额3.9亿元，位于阿城区，已建设完成，是集房车营地、露营地、木屋别墅、餐饮中心、休闲中心、帐篷等多功能于一体的休闲养老生态旅游度假区。

三、黑龙江特色自驾旅游资源

黑龙江的旅游资源非常丰富，其独特的地域资源优势非常适合自驾游的发展，地方旅游局和景区也在鼓励自驾游的发展，相继建立自驾游游客咨询中心，发放自驾游服务手册，引导私家车前去旅游。

1. 黑龙江的冰雪旅游资源是国内其他省份无可比拟和替代的，近几年南方许多自驾游俱乐部自发组织自驾车队来黑龙江赏冰乐雪，体验冰雪自驾的快感；哈尔滨冰雪大世界、亚布力滑雪、雪乡、镜泊湖等是他们自驾游的首选地。

2. 北大荒自驾游逐渐成了热门，知青返乡探亲自驾游、北大荒现代化大农业大机械化耕种、农业观光自驾游会成为未来自驾游的热门。

3. 森林避暑自驾游也是黑龙江夏季旅游的热点，黑龙江的大森林拥有高负氧离子，夏季吸引了很多南方游客前来消暑度假。

4. 沿黑龙江边境线自驾游受到大批喜欢深度自驾游的车友的青睐，车友沿黑龙江边境线两极穿越线，东起抚远，经同江、鹤岗、嘉荫、逊克、黑河、呼玛，到达漠河北极村，欣赏两岸的风景，感受黑龙江流域的文化特色，这条线路已成为国内自驾游一大特色亮点。

5. 沿中东铁路自驾游是黑龙江省又一个特色自驾线路，东起绥芬河—穆棱，走牡丹江横道河子、一面坡、哈尔滨、扎兰屯、海拉尔、满洲里，沿绥满高速进行自驾游体验（黑龙江绥芬河市—内蒙古满洲里），感受沿线的美景和文化。

四、黑龙江自驾游存在的问题

黑龙江森林覆盖面积大，大部分景区都是依托于山林树木而建，建设景区时会破坏自然生态和环境。有些景区建设时没有考虑到私家车停车的问题，自身的停车场都不够用，对于二次开发建设自驾车营地更是困难。使用土地时，审批也困难，关键是会破坏自然生态环境，这与旅游发展的矛盾冲突很大，到底有些景区适不适合建设自驾车营地？全域旅游的配套设施如何完善？这都是问题。

黑龙江省的气候，夏季很短，冬季很长，三个月的夏季旅游对于投资成本很大的营地能收回多少成本？冬季的营地，房车供暖问题如何解决（不包括雪乡的众阳房车营地）？冬季旅游除了哈尔滨和雪乡以外，其他地市县景区的冬季项目自身就存在产出不平衡，营地是无法建设投入使用的。所以，不适宜重资本投入建设不太适合黑龙江气候特点的营地。

黑龙江缺少特色主题文化的营地。应依托于黑龙江的资源优势：大森林、大草原、大湿地、大界江、大熔岩、大农业等来建设，目前有些营地并没有体现出地域营地特性。黑龙江农业是国家的大粮仓，北大荒的现代农业化大发展大跨步，是黑龙江得天独厚的资源优势，尤其农业的田园综合体的自驾房车营地，市场还是一片空白，有限的规划和投资只是停留在初级阶段，需要建立农业观光、健康养生、绿色农业、养老综合体的一个旅游服务体系。依托于森林的景区更是很少房车营地，应减少破坏自然生态，充分利用现有自然优势，多开发森林避暑营地，用轻营地的概念建设营地，夏季充分利用，冬季不浪费。省内的湿地保护完善，建议在成熟的湿地旁及延伸地段，建设自驾车营地，以私家车露营地为主，给喜欢露营的群体提供一个露营服务场所。

黑龙江省的自驾游市场，虽然在逐年递增，但这是社会发展和旅游产业的必然规律，不是市场推动的关键因素，黑龙江的自驾游市场目前来说还处于零阶段，达不到初级阶段。自驾游是高消费重旅游的有车一族的消费趋势，是“漫旅游”、全域旅游最好的体现者。旅游市场缺少自身的节庆活动，如：自驾游文化节、车友文化旅游节、车友免费旅游日等，黑龙江各地市县除了省自驾游协会前几年组织过几次以外基本没有其他的活动，严重缺少以自驾形式带动当地消费、推动旅游市场发展的节庆活动，严重缺少市场化运作的关于自驾方面的互动性大的节庆活动，建议可成立自己的自驾游节日，吸引周围的私家车前来参与活动。

黑龙江省旅游局和景区缺少给予自驾游协会、自驾俱乐部等相关组织的政策扶持，没有鼓励组织者多组织车友进行自驾游。对于外省的车友政策更是空白，基础的自驾服务中心较少，这些因素不利于黑龙江自驾游市场的发展，各地旅游局应积极建立对自驾组织的奖励政策，对自驾达人、自媒体大咖，景区应给予自驾车相关减免政策，条件允许的景区可以做“一台私家车司机免单同行人”的打折优惠活动。

还可以开展自驾游高峰论坛，邀请投资机构、各省市行业协会负责人、汽车俱乐部负责人、房车生产商、营地投资商等来黑龙江自驾论道，帮助黑龙江发展自驾游市场。

黑龙江省的自驾游市场还处于初级阶段，需要各方力量的大力支持，需要政府、景区、行业协会三者的相互支持，需要国内外各方专家的大力支持，需要有实力的投资商来黑龙江投资旅游。

自驾，路在新疆

——新疆自驾旅游简述

李小虎　新疆自驾旅游协会秘书长

新疆拥有浩瀚沙漠、苍茫戈壁、葱郁绿洲、广袤草原、逶迤雪山、湛蓝湖泊、丝路古道、民族风情、历史文化等丰富的旅游资源优势，正在国内外打响“辽阔疆域，无限风光，新疆是个好地方”的旅游宣传品牌。

随着旅游业由观光型消费进入休闲度假型消费，旅行模式从跟团游、自由行到定制游，我国旅游业进入了 3.0 时代。这主要是因为随着国人生活水平提高、消费升级，游客需求出现品质化、个性化变革，中国庞大的中产阶层人群追求更加优质的产品和服务，常规的跟团游、自由行产品已经难以满足客户的需求，定制旅游正在成为热点。旅游、旅行、旅居成为我国旅游业发展的三个标志性关键词。

我国已全面进入大众旅游新时代。自驾车旅居车（又称房车，下同）旅游是发展速度快、消费潜力大的领域，为了促进新疆自驾车旅居车旅游持续健康发展，增加新供给，释放新需求，发挥其引领旅游消费和投资的积极作用，自治区政府、旅发委在产业发展指导和政策层面给予了重要的指示和扶持，新疆旅游迎来一个以自驾新业态为引擎的重要发展期。

一、新疆自驾车旅游优势

（一）丰富的旅游资源是基础

新疆旅游资源具有总量大、类型多、品位高、组合优、容量大、功能多等特点，属旅游资源富集区，发展潜力巨大，是我国旅游业发展的战略后备基地。地文景观类、水体景观类、生物景观类、古迹建筑类、消闲求知健身类、购物及民族风情类六大类型资源齐备。在 68 种基本类型中占全国实体旅游资源总量的 83%，种类极为丰富。西域风情、丝绸之路、民族风情、边境贸易，产品结构齐全，有着广泛的适应性。

（二）服务设施体系提供了条件

近几年新疆公路建设速度加快，高级、次高级路面占总里程的 67%。97% 的乡（镇）通了公路，形成了以 7 条国道干线为骨干，“吐—乌—大”“乌—奎”高速公路为重点的公路交通网线。至 2016 年年末，自治区铁路营业里程 6244.36 公里，民航通航里程 31.89 万公里；公路线路 2016 年年末里程 18.53 万公里，其中高速公路 4578 公里，具备了“三横五纵”的公路交通干线网络，5A 级景区达到 100% 通达，A 级景区达到 80% 通达；各地州上报自驾车旅居车营地 77 处；新疆航空有 12 个机场及 1 个适用于大、中、小型飞机的全天候备降机场，现经营 69 条航线，总航线 14.9 万多公里；已开通了 15 条乌鲁木齐对国内的直达旅客列车和乌鲁木齐—阿拉木图的一对国际列车。其中乌鲁木齐—喀什的南疆铁路建成通车，乌市—阿拉山口的北疆铁路和兰新复线，已成为连接亚欧两大洲的重要国际干线。现对外开放的市县已达 25 个，对外开放公路口岸 15 个，航空口岸 2 个，铁路口岸 1 个。

新疆的自驾旅游建设在与相关单位的合作中，营造了吃、住、行、游、购、娱相配合，适应不同层次消费需求的特色旅游大环境，使“丝绸之路”焕发出新的生命力。

二、新疆自驾车旅游营地建设

新疆旅游凭借独特的地理位置和资源优势吸引着国内外的旅游者，使自驾车旅游成为一种时尚的旅行方式并迅猛发展。

近年来，新疆各级旅游部门重视自驾车房车营地建设，纷纷将自驾游作为重点推动的旅游工作方向，编制自驾车房车营地相关规划。2016 年，由新疆旅游发展委员会主持编制的《自驾车房车露营地旅游综合服务体系规划》出台，提出依托精品景区、风景廊道、重要交通沿途及节点等地，有序建设自驾车房车营地，形成南北疆若干自驾车房车营地旅游线路。2018 年 2 月，新疆维吾尔自治区旅游局又联合交通、公安、国土、住建等多部门编制出台《新疆维吾尔自治区关于促进自驾车房车营地建设和管理工作方案》，为推进新疆自驾车房车营地服务体系建设奠定了基础。

新疆维吾尔自治区旅游局负责人表示，首期将 25 处自驾车房车营地纳入自治区自驾车房车营地服务体系建设，作为优先扶持建设的项目并给予政策倾斜，使其起到引领示范带动作用。鼓励有条件的地区把自驾车房车营地建设与当地旅游产业发展规划相结合，与交通等部门协调，推动发展以高速公路、国省干道、南北疆旅游环线、沿天山风景廊道为基础的自驾游网络体系。

日前，新疆维吾尔自治区旅发委正制定本年度自驾车房车营地项目资金补助方案。根据摸排自驾车房车营地的建设相关推进情况统计，全区已建成营地 10 处，在建营地 30 处，计划投资总额 28.46 亿元，实际投资总额 10.9 亿元；预计未来 2 年内开工建设拟建营地 77 处，计划投资总额 33.34 亿元。

三、新疆自驾车旅游营地存在的问题

（一）成本高、产品单一

自驾车出行给旅行社平添了许多麻烦，比如出发前旅行社要组织验车，要专门考察出发地与目的地之间的路况等，既耗费旅行社的时间，又增加了旅行社的成本。从自驾车出游的实际服务需求来看，自驾游组团除了传统的服务内容外，还要保证旅游者在旅行路上的汽车维修、道路交通信息、安全驾驶提示等远途驾驶咨询和保障服务。而这些方面，旅行社目前开发产品单一，不能赢得有车族的青睐，吸引潜在旅游者。

（二）旅游景点利用率低

新疆受客观条件制约，旅游业淡季过长、路途遥远、季节性偏差大。旺季以每年的 7、8、9 三个月为主，往往是旺季供不应求，接待的旅游者占全年接待总数的 80% 以上，而到了淡季，旅游宾馆无人住宿，景点无人参观，严重影响了旅游业的经济效益。路途遥远、交通费用太高，旅游公路等级低，尤其是骨架公路与景点之间的旅游专线公路，影响了自驾车旅游的发展。公路等级与全国相比，等级低、限制车速，尤其是通往景点的公路状况不好，加之地处偏远，乘火车时间太长，而坐飞机票价又太高，交通费用直接影响着客源量。

（三）景区开发量不足

旅游基础设施落后，景区景点开发能力薄弱。在全国接待境外游客的比重较小，旅游创汇收入低于全国 6.9 个百分点。原因在于：旅游资源开发量少；开发深度浅；开发布局没有整体规划；开发方式以单项资源开发为主，综合开发较少；旅游资源优势转化率低。

（四）旅游从业人员素质低

导游素质差，存在服务问题和违反职业道德现象。旅游购物中，各旅行社削价竞争；个别旅行社的外联人员违反规定，扰乱客源市场。

四、新疆自驾旅游产业的发展

综上所述，新疆地广人稀，大美自然景观众多，基本实现了连接全疆各地州市和兵团各师的公路高速化，只要充分利用新疆得天独厚的资源优势，把握市场需求趋势，在全域旅游发展的大格局下，打造多元化的自驾游线路产品，建立便捷、高效、完善的自驾游服务网络，推进“互联网 +”“自驾游 +”产业跨界融合发展，就能把新疆建设成为中国自驾游的热点地区，也为新时代旅游业跨越式发展带来强劲新动力。

2016 年 11 月 11 日，自治区成立了自驾旅游协会这个专业组织，目的是以市场为依托，积极参与新疆自驾旅游产业的服务与发展，将以以下工作为重点，建设新疆自驾旅游服务市场。

（一）建设自驾游目的地体系

依托新疆优势旅游资源，建设精品自驾游景区，形成世界级、国家级和地区级的自驾游景区；串联精品旅游景区，开辟特色风景廊道，打造新疆自驾游风景道；建立集精品线路、跨省线路、跨境线路“三位一体”的自驾游线路体系。

（二）建设自驾游服务网络体系

引导旅游热线沿途建设标准化的自驾游集散中心、自驾营地和自驾游服务站；因地制宜布局自驾游集散中心，建设标准化特色自驾营地，完善自驾游的配套服务设施；建设新犁自驾游服务站，建立标准化、便捷化、智能化的自驾游服务网络体系。

（三）建设自驾游信息服务体系

打造全方位、宽领域、便捷化的自驾游综合信息服务平台，鼓励联合研发自驾游车载装备及应急保障服务集成，积极开展自驾景区与风景道、自驾游集散中心与驿站的信息化示范工程，不断完善自驾游公共信息服务体系建设。

（四）建设自驾游服务支撑体系

加快建立集汽车租赁服务、自驾游机构、汽车旅馆和救援服务等于一体的全方位、多层次、立体化的自驾游服务支撑体系，形成以旅游业为中心，多产业创新融合发展的自驾游产业链条，为自驾游发展提供可靠的支持保障。

第四部分

行业篇

打造新出行概念　升级自驾游生态

白　龙　沈梦竹　越野 e 族《房车与露营》编辑

一、暗流涌动

在全域旅游全面推进，各地文化旅游、体育旅游蓬勃发展的当下，旅游消费产品日益丰富，市场规模逐步扩大，旅游业似乎开启了一个新的纪元。同时，旅游产业链上的房车营地、新能源车、智慧旅游、线路运营不断推陈出新，也为新的产业形态提供了更多可能。在国家政策的鼓励和市场需求的刺激下，2017 年新能源汽车产量接近 82 万辆，同比增长 58.7%，2018 年将超 100 万辆，2020 年规划为 200 万辆。新能源车绿色环保的核心理念成为新出行方式的不二之选，它也已经从汽车产业的发展趋势演变为人们生活方式的一种趋势。

从 2015 年越野 e 族《车友露营实用手册》收录 168 家全国营地信息到 2018 年共收录 770 家，可见营地日新月异的发展之势，随之自驾游的第三阶段来临，营地也逐步被广大车友所熟知，消费需求扩大，全国各地相关部门相继出台了营地建设目标，这是未来旅游消费模式的转变信号，也是行业人士绕不开的经营版图。

而说到未来旅游消费场景，智慧旅游、共享旅游势不可当，智能技术运用在旅游领域已经较为普遍。智能讲解器、人脸扫描入景区、房车营地智能水电桩以及最重要的互联网大数据分析及应用，高科技的便捷满足人们的旅行需求，将生活的方方面面都刻上时代的烙印。毋庸置疑，智能技术、智慧场景必定是旅游出行的大势所趋，是我们在思考打造旅游发展新业态的过程中最重要的一环。

越野e族近年来专注于打造集文、体、旅、娱为一体的地方产业综合体，对于地方旅游产业的发展针对性地进行规划，以IP赛事为引擎，围绕核心区域搭建智能租还车体系、自驾游营地服务体系。基于旅游产业发展趋势和格局，我们开始尝试从新能源、智能化、新平台等角度为人们打造美好生活的新出行方式。“新出行”概念可以简单构想为一个城市旅游服务新业态，它所营造的是从智能租还车、营地预订、线路推荐到娱乐消费等全方位的智慧出行服务场景，逐步实现人们对于旅游出行的服务需求和情感诉求。要发展以信息科技为核心的全智能化操作，以节能环保为理念的新能源车，升级共享、租赁旅游服务模式的同时培育城市发展新动能。

二、新能源之新

近两年新能源汽车在国内发展迅猛，2017年国家出台了30多项新能源汽车相关政策，涉及宏观、补贴、基础设施、安全管理、技术研发、智能网联等诸多方面。2018年，新能源补贴新政对于能量密度、电耗水平、续航里程等都有了更细分的要求，符合新能源汽车的发展要求，有利于市场的稳定推进。

2018年7月2日，国家发展改革委发布了《关于创新和完善促进绿色发展价格机制的意见》（下文简称《意见》），《意见》旨在对涉及节约资源和保护环境的产业结构与生产/生活方式进行细化的鼓励或约束，实现新技术、新要求下的良性发展。

值得注意的是，其中提到利用现代信息、车联网等技术，鼓励电动汽车提供储能服务，并通过峰谷价差获得收益。简单来说，就是拥有电动汽车的车主，可以在用电价格处于波谷的时候，将自己的车充满电，等到用电高峰的时候，再将电动汽车变成充电装置，将车里的电反向注入电网中，赚取充电与放电的差价。

可以说，不管是过去及现在对新能源汽车的补贴和优惠政策，还是即将实行的积分政策，都可以看到政府不遗余力保护发展本国新能源企业的决心。以电动汽车为核心展开的出行方案也将得到进一步的升级。

虽然汽车电动化在国内的发展还是存在相应的困境，不过从中国新能源汽车的发展战略来看，电动汽车充电业务未来将面临更大的市场空间。根据中国新能源汽车“十三五”规划，到2020年我国新能源汽车保有量将达到500万辆，年产量将达到200万辆。到2025年，新能源汽车销量占汽车总销量的比例将达到20%以上，到2030年，我国新能源汽车保有量将超过8000万辆。

而现在，对于新能源汽车的配套设施还未形成完善的服务网络系统，这在一定程度上制约了新能源汽车的发展。以充电桩为例，中国电动汽车的市场保有量已经超过200万辆，公共充电桩根据充电联盟公布的数据还不到30万个，服务比例严重失调，实现以电动化汽车为主的新出行战略目标还需多方努力推进。然而，对于汽车产业来说这是一个转型升级的最佳时机，也是科技革新改变人们出行生活方式的又一次引领。

三、智能化之新

我们所构想的新出行格局中核心理念是全智能化体系，而这其中汽车智能化已经走在前沿。2018年6月，国家发展与改革委员会相关负责人透露未来将推进新能源智能化汽车整合研发机制，新能源智能化汽车将在技术创新、产业生态、法规标准、产品监管、信息安全等方面构建战略体系。

在推进新能源智能化汽车技术和研发水平上，政策的支持力度不断加大，这无疑是最大的利好基础，解决关键技术问题是当前汽车智能化发展首当其冲的。从围绕智能汽车展开的峰会论坛之众就能看出汽车智能化的发展已经形成专业、系统的课题，政策制定者、行业技术专家、智能汽车相关企业都在共同探讨汽车革命的新征程。

新出行体系中的汽车智能化系统应该能为人们提供最大程度的便利，目前共享汽车已经实现了智能化操控租还车系统，扫码开锁、提前预订、精准导航取车等基础操作，此外精准的GPS定位、旅游热点线路、堵车或事故信息汇报都可以呈现。这一套智能系统不单单是车，它是和营地、线路以及旅游娱乐、消费方式等综合应用的智慧旅游体系。

智能化技术手段目前在景区中已广泛应用，景区综合安防检测、电子门票、数据检测、App智能服务等智能化的应用为景区提供技术管理，提高景区服务效率，同时也减轻人工成本，为旅游带来了更好的服务体验。景区智能化产品的建设为未来智慧旅游形态奠定了基础，也展现了消费市场和旅游转型升级的需求。

营地作为旅游业后起之秀，是嫁接自驾游的重要基础设施，全国各地将营地建设列入旅游发展目标。许多营地目前已经开启智能化初步模式，包括智能水电桩的应用，利用App或微信服务号实现前端智能服务，预订、基本问题解答、线路导航以及监测游客喜好进行数据分析。

所以在新出行的旅游服务业态中，智能平台需要实现服务体串联，营地智能化预订、自驾游线路推荐都是不可或缺的关键环节。而对于新出行时代的产品来说，除了提供全方位的旅游服务新业态，还要站在游客的情感诉求之上，结合旅游目的地的资源进行开发，提供娱乐活动、游玩消费等更多碎片化需求。

四、热点追踪

（一）互联网汽车重塑出行模式

2018年7月6日，斑马智行探索大会举行，发布了黑科技AR-Driving，并联合众多汽车服务商共同成立互联网汽车在线服务联盟（OSA）。消息一经传出，受到了整个出行产业链的关注。

诚然，大众对斑马系统并不陌生。2016年时，上汽集团与阿里巴巴联袂打造一款基于互联网、云计算、大数据的汽车智能操作系统——斑马智行系统。据悉，黑科技AR-Driving最大亮点是以虚实融合算法突破硬件壁垒，让AR增强现实技术首次应用于量产车。

这将意味着，AR等科技成果将融入越来越多人的出行场景中去，而数据和技术驱动带来的用户体验变革，将逐渐改变国内车企及消费者对出行体验的理解。

斑马网络CEO郝飞表示："斑马网络是一家面向汽车全行业提供互联网汽车整

体解决方案的平台型和创新型公司，不会和原有的任何产业角色形成竞争关系。”目前做汽车智能系统的企业越来越多，行业在技术的推动下蓄势待发，一款切中用户需求的汽车系统，可能带来的将是整个出行产业的重构。

以斑马系统2.0为例，它就实现了驾驶者ID和淘宝账号的互通，并将用户、车、服务串联起来。有一项功能为旅途功能，通过导航搜索目的地时，系统会推荐多种不同的路线和对应的自驾游旅游包。斑马系统会直接对接“穷游行程助手”“支付宝”等服务商，为用户提供全套自驾游解决方案。比如前往“上海欢乐谷”这样一条线路中，就包含了欢乐谷、辰山植物园等景点的门票、酒店住宿信息，同时也会提供推荐的餐厅等，同时可以通过车辆进行预约和支付。在旅游过程中，车辆系统也会实时播报景点介绍。

另外，斑马网络陆续推出了智慧停车和智慧加油两项“场景云服务”，目前全国186个城市的5000多家停车场实现了智慧停车服务。当用户驾驶车辆前往目的地时，在距离目的地大概还有3公里，系统就会自动推送目的地周边3个停车场以供选择。目前阿里巴巴正在大力推进智慧停车场项目，以实现任何一台拥有斑马系统并绑定了车辆信息的车，只要进出这些智慧停车场，就可以直接通过扫车牌、支付宝等进行免密支付，以此提高出行效率。

而智慧加油则将使车主、汽车和加油站实现三方互联，由云端判断车辆驶入加油站内，顾客熄火挂P挡即可触发自动加油。每一辆搭载基于AliOS的斑马智行2.0的智联网汽车，将自动绑定车主的壳牌会员身份，获得车主授权后即可实现免密支付、会员积分累积及优惠兑换。

不难看出，上汽集团与阿里巴巴打造的斑马系统，是双方整合资源的结果，阿里巴巴作为互联网商业帝国，能够涉及的资源包罗万象，而这些将逐渐地整合进斑马智行系统应用上。未来，在汽车整个产业链里，软件的比重在不断上升，传统的主机厂也有这个意识，不管是自己研发还是跟互联网公司合作，都在朝车联网这种智慧化方向努力。加油站、服务站、露营地、餐饮、住宿等都将整合发展，共同形成线下出行服务网络，共同服务于“新出行”的生活方式。

（二）露营地的延展经济

2018 年 6 月 29 日，在张掖国际露营基地举行了房车露营大会高峰论坛，论坛以“新自驾 · 营未来”为主题，就当前国内营地发展进行了交流讨论。其实所谓“新自驾”，是在新出行的范畴内的，营地作为自驾游的直接配套服务单元，在“新出行”的理念下，如何适应时代、创新思想值得所有经营者反思。

首先，全网互联是第一步。汽车的互联网化将为自驾者提供最优的出行解决方案，实现网络化一方面可以与产业链上下游进行信息的同步与匹配，同时，网络化也将成为营地面向消费者的一条重要通道。

中国旅游研究院院长戴斌曾表示，“在互联网时代，一个地方美丽不美丽，值得不值得去，已经不再是某个拥有信息垄断权力的精英机构说了算，而是由千千万万的普通游客在网上的主观感知和评价分享的结果来说了算”。目前国内营地网络化运营及营销的能力还相对薄弱，营地应该开始尝试在品质保障的基础上，学会用网络工具、平台武装自己，在竞争中针对搜索、预订、服务的一体化进行新的战略调整，充分利用互联网力量来保持领先。

其次，功能的升级与转变。同和山致景观设计有限公司副总裁莫克力说过，经常会有人问她露营地赚钱吗？企业怎么生存？在莫克力看来，这样的问法第一就是缺乏一个基本的对旅游开发规律的认识，第二则是没有从产业的角度去思考，对露营这个新业态所能延伸的经济环节缺乏想象力。

新出行概念下，营地的价值可以根据市场需求得到无限的延展。比如为新能源汽车进行续航补给、作为新出行模式下资源的中转与枢纽站，等等。关键要把握新出行时代脉搏，能深入了解当前环境下大众的出行需求点，才能保持住平衡稳定的市场供需关系。

五、生态升级

利用科技手段实现旅游产品的融合和创新是旅游服务新业态一直以来所追求的，“新出行”概念应用互联网、智能技术，将汽车产业、营地产业、信息产业相融合，围绕旅游活动形成跨越式发展的产业链，不断创造新的价值产品、旅游体验以及完善的服务体系，打造旅游综合体进而统一区域旅游形象。

然后以“新出行”为出发点升级地区自驾游发展生态，除了我们所构建的服务体系之外，还需合理有效地整理区域资源和要素，创造更多个性化的消费产品。以营地来说，目前营地基础服务设施已经具备，但想要冲击线路 + 景区的传统旅游产品，营地还需更具特色的体验游玩、娱乐消费内容，实现旅游产品的转换升级；也可根据地区扶贫需求规划营地 + 线路产品，形成产业扶贫，为地区发展增添动力。如此才能进一步带动更多相关产业的发展，从单一的旅游市场发展为社会效益、经济效益及生态效益三赢的业态。

诚然，一切有利条件只是基础，最终要实现这一“新出行”业态，为游客创造新的价值，关系地方旅游发展规划、可实现规模的运营主体及投资收益等诸多方面，道阻且长，但未来可期。从推动旅游服务功能建设到规范散客市场、满足个性化旅游需求，我们已经可以看到一张清晰的发展图，“新出行”概念构建在当前汽车产业、信息产业、旅游新兴产业等多方面发展基础之上，其跨界综合发展一方面进一步顺应了时代的发展要求，另一方面也论证了旅游与社会发展之间越来越密切的关系，相信这一构想能够成为旅游驱动城市发展的新动能。

汤山温泉房车露营地经营探索

王静平　南京汤山温泉露营地董事长

南京汤山温泉房车露营地是江苏省十大房车露营地创建试点单位，也是华东地区首家休闲养生自驾温泉房车露营地。营地规划 329 亩，一期已建成 150 亩，总投资 1.5 亿元，距沪宁高速汤山出口 2 公里，交通便利，依山傍水，茶林相间，风景秀美。营地定位为：依托汤山千年温泉文化底蕴，以户外露营为主，集温泉养生、房车生活体验、房车文化展示、休闲娱乐功能于一体的山林式综合房车露营地。营地参照欧美一流标准及国家相关房车露营地建设标准，集房车体验、房车露营、房车观光、房车租赁等功能于一体。目前已建成接待中心、茶园温泉、房车营位区、集装箱主题民宿区、风情木屋区、帐篷区、餐饮区、草坪音乐广场、BBQ 区、户外拓展区 10 大区域，有 80 个房车营位、150 个自驾游停车位、20 个星空帐篷、20 个温泉池、4 公里运动步道、3000 平方米餐厅以及儿童游乐等配套设施。项目于 2016 年 5 月 17 日对外试营业，为游客带来全身心的出游乐趣和一站式的服务体验。

接待中心按照"关门五星级，开门大自然"的标准，引入 R4 理念，即生态环保、可移动、再利用、零排放，把握好汽车工业风格与自然环境风景的关系，实现汽车与风景的自然融合，观赏与功能的有机统一。这个中心是用废旧集装箱搭建的，自己设计，自己动手，低碳环保，美观整洁，经济实用。二楼的集装箱主题民宿，配套齐全，管理严格，服务周到，物美价廉。好山好水好空气，好房好床好安静，保证游客睡得踏实、酣然入梦。

营地的茶园温泉远看蓝天白云、青山碧水，近享泉雾袅袅、茶林滴翠，恍若人间仙境。此外配有20个室外温泉池，引入道家养生理念，挖掘中华医药瑰宝，每个池中配有不同的中药材，强身健体，美容养颜，不由得使人想起“春寒赐浴华清池，温泉水滑洗凝脂”的诗句，看来1000多年前的杨贵妃不仅很会享受，也知道温泉可以美容。还有汗蒸、按摩、SPA等各种服务，任游客选择。泡过温泉后，再品尝营地自摘自制的纯天然温泉茶，聊聊天、打打牌，很是惬意。建设过程中还特别注意循环利用，用过的温泉水，可以浇茶、浇菜、养鱼，这些富含矿物质的绿色食品营养丰富、口感上佳。

路边还有用集装箱造型的“HOME”形状建筑，这是营地的文化之一。坚持艺术性与实用性统一，“HOME”使用集装箱板、轮胎等制作，这其实是营地的文化宣传栏，上边挂着很多照片。每个大字母下还有一些小字母。大小字母组合起来，是4个单词。“HOUSE”代表着“像建自家房子一样建营地”，上面的照片是营地创建历程和新旧面貌对比。“OK”意思是好的、没问题，是我们的“营长”——以王静平董事长为形象设计的LOGO，营长OK，大家当然也OK。“MOVED”意思是感动的，讲的是提供让客人感动的服务，让客人感受家的温暖。2017年6月和2018年11月分别有意大利房车团队和法国车队来访，这里举办了中法国际露营交流会、草坪联欢会，当时为客人送上生日蛋糕，主宾交换纪念品，双方结下深厚的友谊。其中一名画家计划再回来办画展，大家也纷纷表示有机会还要再来，并会向欧洲的朋友推荐这里。“EXPECTATION”汉语是“期待”，意为“我们共同期待营地的明天更美好”。房车露营源于欧美，有近百年的历史，已成为西方人的一种休闲文化生活方式。他们的汽车文化也处于一种强势的地位。作为中国人，我们应该有自己的文化自信，大家一起努力，创造超越西方具有中国特色的汽车文化。

目前，房车露营地总共有80个房车泊位，每个泊位用灌木圈起，大约100平方米，有一定的私密性，标配有太阳伞、桌椅、水电桩和排污口。房车有两种基本样式，一种是自带动力的，另一种是牵引式的，大小不一，有超大型的，有中型的，也有迷你型。现在国家交通部门已经立法，正规厂家生产的房车可以上牌、上高速路，长度6米以内的，C照就可以了。房车内一般都有床、卫生间、炊具、冰箱、电视等，家居生活基本用品齐备。但房车是自由流动的家，“家不变、景在变”，热天可以开车到北方避暑，冷天可以开车到南方过冬。考虑到南京冬天气温可到 –5℃，营地还要低上2℃，所以营地将天然气通到每个营位，以燃气热水器代替电热水器，以地暖代替空调，提高客人入住舒适度，这样的设计目前在国内是第一家。

此外还配有房车配套设施区，有超市、餐厅、车友沙龙、洗衣房、洗澡间，还有卫生间。值得一提的是卫生间，坚持以人为本，特制了无障碍和儿童卫生间，儿童卫生间布置得活泼、温馨、舒适。营地吃住玩都已完善之外，还配备草坪拓展区，房车展会、演出、大型会议、草坪婚礼、帐篷露营、烧烤酒会都可在这里进行，还有茶园采摘、开心菜园、自行车骑行、健步走、垂钓等活动，一定会使游客感觉不虚此行、乐不思归。

目前，营地在抓紧建设二期工程，生态公园、水岸休闲、儿童游乐园、商务综合楼、木屋树屋民宿、房车维保中心区域等正在建设中，特别是突出特色文化建设，欲大力挖掘汤山历史文化、温泉养生文化、乡村田园文化、儒家归隐文化，以及青年人喜爱的社交文化、竞技文化、科技文化等，不断厚实营地文化底蕴。

结合最新颁布的《全域旅游示范区创建工作导则（全文）》和活动内容多、国际化元素多、企业参与多的核心理念，汤山温泉房车营地不仅开展了房车展示周、房车营地体验等多项活动，并且王静平董事长就营地自身发展情况也提出三个打造的想法，即：

第一，打造全域旅游风景的新亮点；

第二，打造全域旅游消费的新热点；

第三，打造全域旅游产业的新节点。

建设“美丽营地”，为“美丽江宁”锦上添花。坚持将自然与生态放在第一位，引入R4理念（生态环保、可移动、再利用、零排放），成为江宁全域旅游的一张新名片，为中国房车露营行业的繁荣发展做出应有的贡献。

近年来，营地在大力发展乡村旅游的过程中，通过“房车露营地+”模式，开发乡村民俗、乡村美食、乡村特产、农事体验、农家生活等特色产业，培育出多样化、个性化的乡村旅游业态，带动了传统农业的转型升级，提升了乡村旅游发展的生态效益、经济效益和社会效益，进一步丰富和完善着汤山国家级旅游度假区旅游新业态。

国内的帐篷营地发展现状

李嗣新　猎户座（北京）文化旅游发展有限公司副总裁

相比于前几年关于营地的讨论，我们听到的词汇只有房车营地，今天营地已发展到相对理性阶段，帐篷营地也已然成为一个热词。不仅是在开发端，投资商把帐篷营地常常作为首选，在消费端，用户对帐篷营地的讨论和需求也日益旺盛。经过2017年的调整，目前国内的自驾车营地开发建设和运营正在一个比较良性的轨道上发展，一方面是国企央企等大型企业在文旅项目开发时，把营地作为了一个标配；另一方面是有一些早期的营地在旅游度假消费大潮的推动下和自身运营服务能力提升之后，运营也顺畅起来。

一些早期已经成为网红项目的帐篷营地，比如格拉丹、帐篷客，包括康藤之后开发的高黎贡帐篷酒店依然一房难求，一些营地里帐篷产品也是价格很高，很难订到。市场是最好的说明，在2018年五一期间，通过携程预订珠海星乐度营地的帐篷，以及山里寒舍的帐篷住宿，都是满房，并且价格都在800 ~ 1500元。在2015年全国休闲标准化技术委员会发布了由中国旅游车船协会自驾游与房车露营分会主导起草的《休闲露营地建设与服务规范》，其中就有帐篷露营地的标准，并于2016年5月1日起实施，也有力地指导了近几年国内帐篷营地的发展。在此期间，国内帐篷营地的推动企业——猎户座也在新型帐篷产品研发、季节性帐篷营地运营和帐篷营地众筹上做了一系列的探索工作，对于帐篷营地的普及和用户认知都起到了非常积极的作用。

帐篷营地的业态得以发展起来，核心的原因还是帐篷营地本身的优势，首先是在用户端，最符合人们对自然旅游的想象，住在风景里，帐篷也成为风景的一部分，可以说在自然度假的各种业态中，营地帐篷和自然环境的搭配最是毫无违和感，也往往成为点亮风景的那画龙点睛之笔。其次，帐篷作为临时建筑，对于国家土地政策比较适配，并且对环境的破坏几乎为零，因此，对于投资商来说，投入成本低，风险亦可控。最后，帐篷居住感的独特之处，柔性的零压空间，使得城市里硬性空间里生活的每一个个体，在这里更能让身心得以释放。基于以上帐篷营地的种种优势，2018 年这个新业态迎来了一个小爆发。

当然并非所有的帐篷营地的经营都是一派欣欣向荣的气象，我们也看到一些夭折的项目，比如丽江白沙帐篷营地等，也在市场端听到一些经营状况不理想、用户体验不佳的营地，一个项目的成败，不仅仅在于产品，更在于开发者、经营者是否尊重了市场规律和政策法规。

目前帐篷营地普遍存在的问题是，存量和体量不足，有几个帐篷营地项目市场口碑不错，囿于政策限制和经营信心，往往体量非常有限，整个露营旅游市场上，能够有规模、有口碑的项目少之又少，因此在消费者的普遍感知和认同上还相对缺乏。其次，帐篷营地在规划设计上存在一定的缺陷，比如帐篷产品的隔音效果不好，当然这些有帐篷产品的先天材料限制，但是由于规划设计人员对于产品的不了解，会把它们设计得比较拥挤，由于隔音效果较差，距离 5 米左右其实是彼此鼾声可闻的；比如产品自身的南北方应用，其中保温隔热、防霉防潮的效果要求也不尽相同，帐篷要保持布料的特性，就在对抗潮湿和发霉上有些困难；还有一个普遍问题，营地帐篷产品的各种问题解决了，设施配套也完善了，但在运营管理和内容服务上却没能跟上。

总体来说，帐篷营地在国内自驾车营地的发展大势下，由于其鲜明的特性，正在扮演越发重要的角色，从营地帐篷产品的不断更新、精品帐篷营地的更多实现，我们也能看到这个领域有更广阔的前景，同时，虽然露营在很多欧美国家是一种生活方式，也有成熟的业态，但在国内还是刚刚兴起，因此我们对这个行业以及行业内的从业者，对帐篷营地这个新业态也不能有拔苗助长式的要求，相信，在不久的未来，会有建设得更美丽、运营得更完善的帐篷营地产品出现，用户能够在营地里自由地玩耍，体验和大自然更亲近接触的乐趣。

自驾车房车营地连锁经营

姜博川　北京华龙休闲旅游开发有限公司总经理助理

伴随汽车进入家庭的脚步，休闲旅游、汽车露营新业态的萌发得以催生，中国旅游市场，也从观光组团出游，完成了向自由行休闲体验为主的华丽转身。“在生活中旅行，在旅行中生活”逐渐成为人们旅游消费的新时尚。2017 年，中国自驾游人数近 30 亿人次，占出游总人数超过 60% 。据权威预测，未来 10 年，中国将拥有超过 1.5 亿的常态露营人口，保守估算每年有 1500 亿元的直接消费，自驾车房车露营将形成万亿级产业规模。

党的十九大报告中明确指出：“中国特色社会主义进入新时代，我国社会主要矛盾已经转化为人民日益增长的美好生活需要和不平衡不充分的发展之间的矛盾。”为此，原国家旅游局在 2018 年工作报告中提出：“大力主导和开发以旅游业自主创造为主的旅游新业态新产品，持续扩大以邮轮旅游、自驾车房车旅游、低空旅游为代表的‘海陆空’旅游产品供给。”自驾车房车营地规划布局、开发建设进入空前发展的新时代。

自驾车房车露营产业起源于欧美发达国家，在美国 1/3 的旅游住宿设施、1/3 的旅游时间、1/3 的旅游土地以露营形式存在。2017 年全球露营地保有量的最新资料显示：美国 27210 个、欧洲 25000 个、日本 3000 个、中国仅有 503 个，而发展速度上，中国高居第一。我国人均 GDP 2015 年超过 8000 美元、2017 年超过 9200 美元，加之我国旅游资源丰富，旅游人口基数庞大，汽车保有量飞速发展，以及交通设施日益完备，旅游由观光游向大众休闲体验游的转变已经来临。2017年，国内旅游人数超过50亿人次，人均出游率近3.7人次。国内旅游市场规模长期保持在10%～15%的增长。大众自驾车房车休闲游面临的瓶颈和新问题是营地量不足、面不广。因此，各级地方政府投资建设自驾车房车露营地的意义重大，需求迫切。主要表现为：适应旅游消费的转型升级，满足人民美好生活出游的需求。是推进旅游供给侧结构性改革的重要举措，是休闲目的地业态配套性项目，是引导大众旅游消费转型升级的重要抓手，是完善旅游基础建设、提供新业态旅游公共服务功能配套、推进全域旅游发展的有力支撑。为此，国务院以及原国家旅游局密集出台国家政策和行业标准规范，定义和指导露营地产业的发展。

汽车房车露营地是指在自驾车旅游线路上，依托旅游交通干线和风景优美之地或者在旅游景区附近开设的，有一定场地和设施条件，可以为自驾车爱好者提供自助或半自助服务的，具有特定主题复合功能的旅游场所。露营是一种生活追求，就露营而言，可追溯到早期人类在游牧、狩猎、迁徙、军事等活动中临时搭建的野外住宿场所和设施；而娱乐露营的起源则早在1853年，当时英国人霍丁同300多人的四轮马车队伍一起跨越了美国1200英里的大片草原，并在1908年出版了世界上第一本“露营者手册”。1907年，世界上第一个露营俱乐部由原来的“自行车露营者组织”和其他几个俱乐部合并在英国成立。露营地发展至今，已经细分为乡村型、景区度假型、海滨型、山地型、森林型等多种形态，在欧美国家十分普及。

露营地引入中国是新兴产业，首旅集团致力于打造汽车露营新业态，引领休闲旅游的发展潮流。20年来，首旅集团高举“中国服务”旗帜，坚持“品牌＋资本”的核心战略和“资本运营上移、实体经营下移”的发展思路，构建起集“食、宿、行、游、购、娱”六大旅游要素于一体、八大业务板块的旅游商贸服务产业体系。集团旗下拥有首旅酒店（600258）、全聚德（002186）、首商股份（600723）、王府井（600859）4家上市公司。“首旅”品牌价值超过400亿元，在《中国500最具价值品牌榜》和全国性大型旅游集团排名中位居前列。

北京华龙休闲旅游开发有限公司成立于2012年5月，是由首旅集团发起并控股，投资机构参与重组，以新业态、新机制参与市场竞争的改革试点企业，中国旅游车船协会自驾游与露营房车分会为副会长单位，中华全国工商业联合会汽车经销商商会房车露营专委会、北京旅游行业协会汽车露营旅游分会为常务副会长单位。华龙休闲公司以新时代人民的美好生活需要为中心，打造休闲旅游生活业态的创新引擎，做中国自驾车房车露营营地行业的资源整合者、投融资价值管理者、连锁经营平台运营者。华龙休闲公司依托首旅集团品牌及其完整的旅游产业链资源、技术、管理、服务等优势，前期以自建自营为主，建立行业标准，形成品牌优势，后续通过输出金蜗牛品牌、标准及管理，多渠道融资，兼并收购与加盟连锁并举，快速扩张，用5年左右的时间，发展成为行业龙头。从2014年起，先后投资建设了北京龙湾国际露营公园、东风胡杨林露营公园，以及吸纳了新疆大美丝路霍尔果斯国门营地、新疆大美丝路清水湾房车露营主题公园、新疆大美丝路那拉提营地、山东日照阳光海岸国际露营公园、福建漳州双第农场露营地、山东胶州宝龙房车公园、湖南湘西惹巴拉露营公园、山西千朝房车度假小镇8家加盟露营地，还荣获了中国汽车运动联合会“五星国家级汽车露营地”、全国休闲标准化技术委员会001号“国家标准试点验证基地”等称号，树立了行业标准，打造了“金蜗牛露营”的品牌。

金蜗牛露营为游客提供汽车露营标准化、规模化、网络化的规划、建设、经营方案，使露营业主及经营者实现精准定位、避免风险、减小投入、降低成本、提高收入、增加效益等多重目标。金蜗牛露营的经营合作模式分为：自建自营、合作（参股、控股）开发，管理平台托管经营、第三方业主开发加盟经营、第三方业主开发托管经营。金蜗牛露营提供的加盟支持包括：选址测算支持，策划、规划、设计咨询支持，开发建设支持、指导，供应商、物资采购支持，推广宣传支持，协助经营管理和信息技术支持等多方面。

世界那么大，自驾家天下。房车为流动的家、营地为别样的园，返璞归真、心随景移。自由、自在、自然，清风拂面。亲子、亲友、亲密，心旷神怡。金蜗牛露营是人、车、风景移动的家。慢生活、年轻态、人车旅途有管家。

探索自驾游服务行业更高标准

黄一文　首汽租赁有限责任公司市场部公关主管

2018年年初，原国家旅游局发布了《2018年全国旅游工作报告》，党的十八大以来，我国旅游经济快速增长，产业格局日趋完善，市场规模品质同步提升，扶贫富民成效显著，国民旅游休闲生活更加精彩，旅游业已成为国民经济的战略性支柱产业和与人民群众息息相关的幸福产业。

在全域旅游、供给侧改革、居民消费升级因素驱动下，供给侧结构改革成效明显。中国旅游研究院发布的《2017年全年旅游市场及综合贡献数据报告》显示，2017年国内旅游人数50.01亿人次，比上年同期增长12.8%；入出境旅游总人数2.7亿人次，同比增长3.7%，国内旅游市场高速增长，入出境市场平稳发展。

一、我国自驾游发展行业现状

公安部数据显示，截至2017年年底，全国机动车保有量达3.10亿辆，其中汽车2.17亿辆；机动车驾驶人达3.85亿人，其中汽车驾驶人3.42亿人。

机动车保有量及驾驶员数量的增长，拉动了旅游方式的改变，短途自驾成为2017年旅游市场呈现出的一大潮流。2017年中国自驾游人数平稳增长，总人数达

31 亿人次，比 2016 年增长 17.4%，占国内出游总人数的 62%。从近五年的自驾车出游人数统计情况来看，自驾出游人数持续增长，出游人数占国内旅游人数比例稳定在半数以上。据途牛网监测数据显示：2017 年选择周边短途自驾游的游客人数占比超过 9 成，选择国内长线自驾游的游客人数占比为 6%，选择出境自驾游的游客人数占比为 2%。从用户群体构成来看，周边自驾出游人群以家庭为主。

（一）消费升级带动自驾游行业快速发展

随着我国国内经济总量的不断攀升和居民收入水平的持续提高，消费潜力开始释放。消费需求对经济增长的拉动力明显增强，已经成为名副其实的增长引擎。另外第一批“千禧一代”（20 世纪 80 年代初至 90 年代末出生的人）在未来 5 年间将取代其长辈，成为中国最庞大的消费群体。“千禧一代”成长在中国改革开放快速发展的时期，并且正处工作的黄金时期，年富力强，具有更高的消费意愿。消费升级带动了旅游市场的升级，消费观念的改变促进了车辆租赁市场的发展，除了周边短途自驾之外，飞机、火车与短租自驾接驳的旅行方式成为了热爱自由的年轻人热衷的长途旅行方式。在当前形式下，首汽集团旗下的首汽租车、新能源汽车分时租车平台 GoFun 出行和互联网约车平台首汽约车共同组成了首汽出行生态圈，为用户提供城市内短途自驾、网约车、城市周边游产品以及全国范围内的长途自驾租车服务。

（二）政策利好拉动行业发展

随着全域旅游概念的提出和推广，各省市区域内经济社会资源尤其是旅游资源、相关产业、生态环境、公共服务、体制机制、政策法规、文明素质等有了全方位、系统化的优化提升，国内长线自驾游逐渐成为新的增长点。

2018 年年初，原国家旅游局、国务院扶贫办联合发布《关于公布中国“西部行”自驾游精品旅游线路的通知》，推出十条中国“西部行”自驾游精品旅游线路，分别为 318 川藏线、青藏线、滇藏线、丝绸之路河西走廊线、甘南川西线、青海环线、新疆南疆线、四川线、西藏山南线、云贵线。西部地区因道路交通设施完备、旅游景点资源丰富且地域辽阔，成为自驾游的最佳选择。目前首汽租车覆盖全国 59 个城市，车队规模超过 10 万辆，提供异地还车业务，满足国内长线自驾用户，同时紧密衔接“大交通”与“小交通”，为落地自驾提供满足用户个性化需求的便利服务。

（三）境外自驾正在蓬勃发展

在出境游方面，中国旅游研究院、携程旅游集团联合发布的《中国游客中国名片，消费升级品质旅游——2017 年中国出境旅游大数据报告》显示，2017 年中国公民出境旅游突破 1.3 亿人次，花费达 1152.9 亿美元，保持世界第一大出境旅游客源国地位。出境旅游呈现“消费升级、品质旅游”的特征与趋势。其中国内境外自驾游的渗透率已于 2017 年达到了 5%，对比 2014 年的 0.14% 增长了 35 倍。

目前，持中国驾照及翻译件或公证件支持 140 个国家和地区自驾，但出境自驾的用户还会面临对当地道路情况和交通法规不熟悉、语言不通等问题。首汽租车与全球网店覆盖率最高的境外租车公司之一——Europecar 达成战略合作，境外覆盖 150 多个城市和地区，提供中国驾照英文认证书模板、7×24 小时中文客服和全程华人取车向导等服务，为海外自驾游的用户解决后顾之忧。

二、自驾游行业未来发展的方向

（一）旅游资源集成化

随着全域旅游概念的提出，各地发力整合区域内优势资源，尤其是对旅游资源、相关产业、生态环境、公共服务、体制机制、政策法规、文明素质等进行了全方位、系统化的优化提升，在未来，区域资源有机整合、产业融合发展、社会共建共享将成为发展方向，旅游资源的集成化将成为主流趋势。

将生态、城市基础建设、景点、特色物产以及旅游配套产品融合起来，从景点旅游模式走向全域旅游模式，推进从单一景点景区建设和管理到综合目的地统筹发展转变，与自驾游游客灵活的出行方式、对当地环境及民俗深度体验的诉求相当契合，符合消费升级下的自驾游用户兴趣点。无论从供给方政策利好，还是需求方不断升级的消费需求来说，资源集成化的全域旅游都是未来自驾游发展的方向。

在扶贫方面，中国旅游车船协会自驾游与露营房车分会认为，自驾游线路和产品能将游客带到更多地方、辐射更多地域，通过消费导入和文化交流，使扶贫范围和成效进一步延展。在满足广大游客需求的同时，使贫困地区的旅游公共服务体系得到完善，乡村旅游得到发展，成为供给侧结构性改革思路下旅游的转型升级，将脱贫攻坚落到实处。

自驾车旅游所到之处恰恰能带动沿途贫困地方的经济发展，尤其是推动农林副产品的销售，比如扶贫点的村民家里的土鸡、羊肉、鸡蛋、瓜果等农林副产品，都十分受自驾车游客的喜爱，这成为通过自驾游推动扶贫的重要手段。

（二）旅游服务质量与秩序提升

随着旅游市场的成熟和旅游产业的升级，特别是企业成长进入 IP 驱动阶段以后，消费者变得越来越注重服务的品质和目的地生活的体验。交通接驳过程中及目的地的服务质量将成为未来各大旅游、租车公司打造差异化产品的着力点。各地旅游主管部门纷纷落实提升接待水平、加大监管力度、开放投诉渠道的相关政策。

（三）科技发展带动智能化

近两年来，科技、汽车行业大力发展电动汽车和自动驾驶技术，汽车后市场也逐渐走向智能化无人运营，未来人工智能化已经是不可更改的趋势。目前，移动支付、物联网、RFID 射频识别技术、人工智能技术与零售的结合已经日趋成熟，无人便利店、无人加油站开始投入使用。随着自动驾驶和车联网技术的日渐成熟，租车行业未来可能实现从网络预订车辆，到智能用户资质审核，再到门店自助取车还车，全程无人值守。提高门店效率、降低运营成本的同时，提升自助取车还车的可操作性，提升用户体验。

（四）出境自驾市场未来发展潜力巨大

2017 年，国内境外自驾游的渗透率为 5%，对比 2014 年的 0.14% 增长了 35 倍。但是整体对比起欧美等发达国家而言，还是有较大的差距。国人海外自驾游比例较低，主要是因为国民的消费意识尚未被完全开发。此前国人在旅游方面会更加偏向于“享受游”和“打卡游”，但随着近年来消费意识的提升，越来越多的人开始注重个性化以及深度体验。从数据上可以看到，越来越多的中国旅客开始以自驾游的方式开启他们的境外旅行。虽然目前自驾游的占比仅为 5%，但是按照租车的大数据与用户调研数据推算，未来将会有更大的提升。

在美国等发达国家，自驾游的渗透率已经高达 46%，中国作为一个快速发展的国家，自驾游在国民中的普及度并不高，结合前面说到的自驾游渗透率 35 倍速的增长，这一市场在未来的发展潜力还是相当巨大的。

三、首汽租车不断改革发展，探索行业更高标准

（一）首汽租车定位

首汽租车成立于 1992 年，是首旅集团、首汽集团旗下控股企业，成立 26 年来一直为政府、企业提供汽车租赁业务，在司机培训、车队建设、管理上早已形成一套完整的服务体系和价值标准。由于服务的对象长期以来集中于政府及国企机构等领域，当首汽租车的短租自驾业务将综合服务优势扩散到普通消费市场时，在汽车租赁行业中发挥出了领头羊作用。对于个人用户，首汽租车将自己定位为“以用户为中心自驾租车服务商”，始终坚持以用户为中心的服务理念，通过综合团队在各个环节提供贯穿行程的服务支持，让用户的自驾出行全程无忧。

目前首汽租车在全国范围内已推出企业长租、短租自驾、汽车金融、国际租车等产品线，自有车队规模 7 万辆，位居全国前三，已开通国内服务城市 79 个、门店

及网点1100多个，境外覆盖150多个国家、3700个站点。

（二）建立移动出行生态圈

2014年以来，首汽建立了“实体经济+互联网+资本”的发展模式，形成了以汽车租赁平台首汽租车、网约车平台首汽约车、共享汽车平台GoFun出行三个平台为主体的首汽移动出行产业格局，为用户提供从日常用车、商旅用车到旅游自驾等全方位的出行解决方案。与新生网约车企业相比，拥有25年的专业汽车租赁服务经验的首汽租车已经形成了系统化、高标准的服务体系，因此有责任也有能力引领行业制定更高的服务标准。

除了首汽租车的短租自驾和国际自驾业务，首汽约车还开展了周边游和包车业务。周边游是根据用户出游场景打造的“出行+旅游”性质的全新产品，用户可以在周边游产品中选择自己感兴趣的出行线路。目前已在北京、上海、青岛、珠海、成都等多个城市正式开通了首汽约车周边游线路。如果用户有多段行程或需要连续用车，还可以使用首汽约车的包车业务，享受合规、舒适、高品质的出行体验。

（三）一站式出行服务供应商

首汽集团一直在积极地与各大航空公司、互联网企业进行深度战略合作，希望能够通过出行将民航、酒店、用车、金融、互联网等各行业串联在一起，打破行业壁垒，形成空地联合的开放商业平台，打造更具价值的航旅出行消费市场，为每年5亿的航旅用户提供优质的服务。

同时，依托首旅集团强大的资源优势，首汽期望在未来能联合全聚德、东来顺，首旅如家、北京诺金酒店、颐和安缦，中国康辉旅行社、北京神州国际旅行社，燕莎友谊商城、西单商场，长春长影世纪城、宁夏沙湖生态区等品牌，联通首旅旗下“食、住、行、游、购、娱”六大旅游要素，为用户提供贯穿出行全产业链的一站式定制化服务。

在资源整合和服务升级的新旅游时代，首汽租车始终致力于出行行业的供给侧改革，探索行业更高标准，为用户提供国宾级出行服务。

营地行业人力资源管理分析

王　琪　陕西蜗窝人力资源服务有限公司董事长

摘　要：营地行业在国内的发展尚处于初期阶段，营地行业人力资源的开发管理水平与国际上发展成熟的国家相比还存在差距。基于此，本文将国内营地行业人力资源开发管理存在的问题及蜗窝集团探索的人力资源改善策略进行了归纳总结，期望为国内营地行业的发展提供参考。

关键词：营地人力资源改善策略

一、营地行业人力资源管理现状

营地行业在国内的发展尚处于初期阶段，作为旅游服务业，营地行业本身也属于劳动密集型行业，而制约行业发展的几大因素中，专业化人才缺失是一个非常主要的因素。而造成这一现状的主要原因如下：

1. 行业发展处于起步阶段，尚未形成成熟的运营模式和管理体系，业内的从业人员也缺乏专业化的培训和积淀，尤其是成熟的管理人员严重匮乏。

2. 目前国内营地中的运营管理人员主要是从酒店管理行业、旅游服务行业以及户外运动行业等相关行业而来，同时由于营地业的盈利能力较弱，从而导致行业整体薪酬竞争力不足，也很难吸纳到这些行业中的顶尖人才。

3. 大多数营地由于季节性因素，都处于半季运营状态，从而采取了基层人员以临时工的方式招聘使用，培训、考核、激励以及员工关系等方面的人力资源工作无法持续有效地开展，员工稳定性也较差，无法形成良性的人力资源运营。

4. 目前国家的教育体系以及职业认证体系，对于营地行业的职业教育体系缺失，同时对营业行业的职业认证标准也不清晰，导致行业很难借助社会的职业教育资源输出和培养人才。

二、营地行业人力资源管理存在的问题

由于专业人才的缺失，整个营地行业的人力资源管理在选人、用人、留人几个方面均存在一些问题：

1. 招聘。无论是社会招聘还是校园招聘，营地企业经常遭遇大型连锁酒店、航空高铁城轨等旅游服务业、地产企业、教育培训机构等成熟行业的竞争，由于营地企业的人力资源竞争力不足，常常被这些行业的大企业碾压。

2. 培训。缺乏职业教育体系的支撑，通过招聘渠道招来的人员通常都需要大量的系统培训才可以实现营地岗位的人岗匹配度。而单体的营地由于经营规模有限，管理能力偏低，运营季节性较强等因素，大多无法组织系统有效地培训，从而导致入职员工的职业化和专业化的转换效率低下，也在一定意义上造成大量的人力资源损耗。

3. 考核激励。由于营地行业还处于发展的初期阶段，科学的考核体系建设与有效的激励机制设置还处于摸索期，相对于营地行业的发展速度来讲比较滞后，导致员工阶段性发展目标不明确；同时，有效正负激励设置及实施不到位，影响员工积极性与主观能动性的发挥。

三、蜗窝集团人力资源体系的开发管理策略

（一）将人力资源培养前移至职业化教育

为了将人力资源培养前移至职业化教育，2016年年底，蜗窝集团与西安城市建设职业学院合作创立了全国首个全日制的校企合作示范项目——“蜗窝管理学院”，旨在为营地产业培养和输送专业人才，从根本上增进产、学、研、用方面的结合力度，解决营地行业人才短缺问题，为整个行业建立优质的人才梯队和培养机制。依托管理学院的建制，蜗窝集团成立了人才派遣公司，首批毕业生派往青海湖营地、金沙岛营地，有效地解决了国内季节性营地工作人员招募的困境。随着一批又一批的蜗窝管理学院毕业生走上工作岗位，越来越多的季节性乃至全季营地会加入到蜗窝的人员派遣体系中来。蜗窝管理学院一直致力于与高校共建一流专业，共建一流实训基地，为国家乃至全世界旅游露营产业培养和输送专业人才，推动营地文化的传播与经济的发展。

（二）管理培训生计划

管理培训生计划具有储备人才的作用，不仅缓解营地用人需求的仓促性，同时也为企业长期发展奠定了人力资源基础。蜗窝集团通过四个关键的因素来实施管理培训生计划：一是管理培训生人员的甄选。正常的人力资源招聘工作中，是“先岗后人”，而管理培训生计划是“先人后岗”。因此，这个“人”必须是经过严格的选拔程序，是事业心、领导力、表达力、团队力、沟通力等综合素质极强的候选人。二是科学的轮岗制度。管理培训生进入营地后，先在营地各个部门进行轮岗，各个部门、各个岗位的前期轮岗和深度轮岗，使他们对营地业务有了比较深入的了解和把握，为以后的管理工作打下深厚的基础。三是完善的培训制度。培训的系统性、完善性、科学性在管理培训生计划中起着重要的作用。四是全面的导师制度。校园人转变成企业人过程中会存在多方面的不适应，无论是从职业生涯规划、业务知识学习

还是心理状态调适来说，都需要一个资深的营地管理人员对其进行辅导和交流。

（三）人才晋升机制

蜗窝集团的营地员工有多种的晋升通道，首先每位员工都有基本的职级，同时又设置了附加职级，如导师职级、讲师职级等。附加职级为可选职级，根据员工自身的特长和发展偏好可以选择性晋升。合理的人才晋升机制能充分调动营地员工的主动性和积极性，提高员工的凝聚力和归属感，减少流动率；建立了基层管理人员晋升通道，激励基层员工不断提高业务水平，以卓越的现场管理推动企业的发展，从而树立基层员工学习的标杆，不断牵引广大员工终生学习，不断改进，保持营地的持续发展。

（四）激励机制

营地行业属于劳动密集型行业，因此，营地人力资源管理作为绩效的重要保障，被提到了非常重要的管理高度来对待，而激励机制作为人力资源管理的重要维度，也在当前时期显现出了良好的管理效能。蜗窝集团在人力资源管理实践中，不断改进激励机制建设不足、激励效能发挥不力等问题，除了传统的激励方式外，也新增了创新激励机制，比如愿意花更高成本来培养员工，并带动员工参与到企业管理中来，从精神上对员工的价值予以认可。在当今时代下，企业管理更强调精神上的激励，不仅仅是表扬、赞赏、荣誉等传统的激励，而应该是给予员工更大的权力和更多的责任，以吸引员工参与到营地经营管理的各项事务的过程中，对员工以平等的态度对待，激励员工参与到企业的决策和系统建设中，让员工意识到自己的价值，以促进其能动性的发挥。

（五）企业文化引导下的员工关系

员工关系一直是人力资源管理中最重要的部分，实际上，良好的企业文化对于充分发挥营地人力资源的优势与价值从而建构良性员工关系有着至关重要的作用。企业文化属于柔性化管理方式，不同于以规章制度为中心，凭借制度约束、纪律监督、奖惩规则等手段实施对人的刚性管理。柔性化管理最大的特点是从内心深处引导与激发员工的内在潜力和主动性、创造性，使他们发自内心地愿意为营地行业的发展做贡献。柔性化管理是对刚性管理体系的一种有效补充。通过柔性化的员工关系管理，增强员工与营地之间的感情纽带，从而更好地促进员工实现个人价值。加深员工对于企业文化的认识，从而能够起到凝聚员工、传承企业文化的作用；也能增强员工的归属感和使命感。

截至目前，蜗窝管理学院已经与中国地质大学、西安体育学院、太原工业学院、西安欧亚学院、西安城市建设学院建立了密切的校企合作关系，尤其与西安城市建设学院共同建立的营地管理专业，已经连续两年完成统招计划，同时蜗窝集团下属的乐营和白鹿隐也成为各个合作院校的实训基地。而蜗窝的管理培训生计划经过持续三年的培养培训，已经发展到拥有 150 名左右的管理培训生，分布在各个营地的中基层管理者达到接近 50 人，为蜗窝营地的运营提供了坚实的人力资源保障。

以上便是蜗窝集团在营地行业的人力资源管理中的一些经验分享，也衷心希望行业内的同业有更好的人力资源培养体系，能够持续为行业培养专业化的人才，为整个营地行业的大发展奠定良好的人才环境和基础。

青龙山自驾车露营地扶贫探索

王峰华　奈曼青龙山自驾车露营地董事长

2016年，奈曼旗青龙山镇四一村整合了当地独具特色的山、水、林、田旅游资源，创建了“青龙山自驾车露营地”。营地自建成以来始终秉承“建设家乡，守望相助”的发展理念，截至2017年年末，已通过景区建设及旅游服务平台，累计为83户贫困家庭提供了120个就业岗位，雇用短工达15000多人次，真正实现了“旅游发展，村民致富”的目标。

一、青龙山自驾车露营地概况

奈曼旗青龙山自驾车露营地是科尔沁500公里文化旅游风景大道的一个节点，它位于内蒙古通辽市奈曼旗青龙山镇四一村，毗邻辽宁省阜新市，省道大阜线旁，交通便利，距离大广高速和长深高速都是50公里，是通辽市西南门户和旅游窗口，是省界旅游和自驾车旅游宿营的首选之地。青龙山自驾车露营地于2016年6月规划开工建设，总占地面积为4600亩，总投资1.75亿元，由奈曼旗八虎山庄生态旅游有限公司投资建设。

一期投资3500万元，已建成游客服务中心、景区道路、房车营位、拖挂式房车营位、小车营位、帐篷酒店、树屋、木屋、水屋、旅游厕所、水电、绿化、硬化、亮化以及网络覆盖等工程，是一个集休闲、娱乐、运动于一体的综合性营地。青龙山自驾车露营地依山傍水、自然风光秀美，通过打造吃、住、玩、采、购、娱、赏多位一体的田园综合休闲运动旅游目的地，逐步建立起并打开了奈曼旅游的新市场。

青龙山自驾车露营地的吃，以乡村农家菜、养生药膳为主，把当地食材与特色菜有机结合，真正体现了绿色有机的理念。传统手工制作的石磨豆腐、地瓜粉条和小米让每位尝过的游客都赞不绝口，回味无穷。山野菜和纯绿色蔬菜让游客品味从乡野、农家小园直抵舌尖的果菜本真的味道，撩拨60后、70后童年时瓜田李下的美好记忆。

青龙山自驾车露营地的住，体现了水、陆、空的居住特点（水——有水上木屋、漂浮船；陆——有房车、森林木屋、帐篷、集装箱、特色民居；空——有空中树屋），真正体现人与自然的和谐共处。当游客身居树屋，偶遇小松鼠造访，与您同居一室，屋外七彩山鸡一身盛装悠闲地踱着方步，枝头百鸟互答，真正是人在画中，画随人变；当你夜宿水屋，一夜随风任意东西，暮谢此岸翁，晨赏彼岸花。晨雾起时便如仙山蓬莱般缥缈幻化了。

青龙山自驾车露营地户外健身、运动、娱乐设施齐全。水上娱乐项目有：水上冲关、划乌篷船、钓鱼、钓野螃蟹等；户外运动有：野战CS、骑骆驼、骑马、爬山、共享单车、老爷车、沙滩摩托、排球、沙滩排球、翻越绳墙、爬绳梯、软梯、翻越4.1米障碍墙、背摔、陆地浮桥、搏克比赛及各种越野赛事。

各种文化活动更加丰富了乡亲们的业余文化生活，唱响农村生活奏鸣曲：几年来先后举办了孝德文化节评剧演出、百姓好声音选拔赛、啤酒节等活动，都深受欢迎。特别是推出的山区文化线路游——把周边的青龙山、老道山、平顶山、草帽山、敖包山等美妙的传说故事和自然景观串联在一起，形成奈曼南部独具特色的山区旅游，扩大了自驾游的范围。

营地的民俗文化是其一大亮点——钉锅盖、纳鞋底子、编筐、刺满绣、刺蒙绣、刻挂钱儿、耍驴皮影儿、磨制石磨豆腐等，让几近失传的老手艺得以保存，每次老艺人们的展示都令许多游客忍不住驻足观看，纷纷拍照，犹如欣赏魔术师的表演。红色文化纪念馆陈列着伟大领袖毛主席及十大元帅的铜像，并有伟人们的简介，文化馆正中悬挂着入党誓词。自开馆以来每年7月1日党的生日都有很多党支部、党员来此瞻仰伟人，重温入党誓词。来此参加社会实践活动，进行红色文化教育的学生也是络绎不绝，每每都是感触颇多。

青龙山自驾车露营地自2016年12月开营以来已累计接待游客20万人次，创造经济收入800万元，解决了当地100多名农牧民的就业问题。中央电视台二套《生财有道》节目中曾特别报道过青龙山自驾车露营地的成功经验和做法。文化活动、体育赛事的引入和民俗文化的融入令营地的影响力与日俱增。2018年年初以来，来自京津冀、黑吉辽等地游客的占比越来越大，到青龙山自驾车露营地体验丰富多彩的乡村民俗游，已成为奈曼旅游的新亮点。

二、旅游开发合作化景区，景区村民收益大

营地占地面积400亩，是集餐饮住宿、休闲户外拓展和科普教育于一体的休闲营地。发挥营地区位优势同时整合闲置在村民手中的青龙山、鸡冠山、老道山、龙尾沟等旅游资源，让拥有资源土地经营权的村民同山庄签订《旅游发展协作合同》，使之成为营地合伙人，并充分挖掘这几处景点的文化内涵，进行打造包装，形成旅游新线路，扩大了营地的活动面积；另外发动村民拿出自己的土地到山庄入股，连片开发，打造观光农业，并雇用土地所有权人到观光园打工，形成另一份收入。这样既增加了营地休闲游的内容，又迎合了游客休闲游的需求；既增加了营地的旅游效益，又大大提高了山庄持股村民的生活水平。

三、旅游产品本土化，村民就业概率大

积极打造休闲游，为不断满足游客住、购、赏、娱需求，深入挖掘本土文化，把极具乡土气息的编筐、满绣、钉锅盖、纳鞋底子、驴皮影儿、刻挂钱儿、蒸黏豆

包、做豆腐等内容，展示给游客，增加了旅游文化品种，并聘请村里老手艺人到营地进行专场表演，吸引游客体验乡情，提升营地的品牌形象，让基本失去劳动能力的老手艺人到山庄展示他们力所能及且乐此不疲的文化特长，也增加了收入。每年冬季的冰雪花灯节，村民都把自家畜力车改装成马爬犁、牛爬犁、狗拉雪橇，到营地载客游玩，收入和营地分成。这样，基本上一年四季在营地都有就业机会，村民收入持续增加。

四、旅游市场多元化，游客走进农户家

在上级部门的关怀和乡亲们的大力支持下，经过不断学习和努力，营地发展越来越好，但一枝独秀不是春，百花齐放春满园。一个人富了不能忘记众乡亲。营地选择了本村的建档立卡贫困户，由营地出资把他们的庭院装修成“民宿”，把城市游客介绍到村民家体验淳朴的乡土风情，卫生、安全等由营地统一管理，村民进行旅游接待服务，形成收益按比例分成。民宿中做得比较好的是村民张世学，他的接待点不仅提供民宿，夏季还提供农家院中的绿色蔬菜采摘服务，除住宿的 100 元 / 晚的收入外，每顿饭还可以额外收入数十元，游客不仅住宿实惠，而且还可以品尝到自己采摘的新鲜蔬菜，营地一年为其创造的住宿和餐费收入达到四五千元。

通辽地区土壤、气候等条件得天独厚，本地区产的小米、地瓜、粉条、杂粮等品质优良，有广阔的市场空间，加上纯绿色无公害禽畜肉蛋等，深受游客的欢迎，成为提高农民收入的绝好商机。营地便为农户搭建平台，组织农副产品展销会，并开通网络线上销售，这样村民手中的土特产便供不应求，红薯、小米、粉条等还形成了订单农业，农民再也不用为产品市场发愁。营地积极帮助大学生创业，几年来陆续资助数名大学生成功创业。在旅游的这个大舞台上，借力农户发展壮大营地，也助力农户脱贫致富。接下来营地将乘着习近平总书记在党的十九大提出的“乡村振兴战略”之东风，把景区建设得更好，把家乡建设得更美。

安全自驾，你我同行

王蓓黎　北京大陆汽车俱乐部有限公司董事长兼 CEO

摘　要：当前，我国自驾游游客中中青年占主体，中途旅行更受自驾者欢迎，在“互联网＋自驾游”形式下，自驾市场实现了 O2O 旅游新常态。自驾游的自由度大的确是优势，但同时自驾游的风险也不小，因此安全自驾是未来自驾出行的关注点，在提升自驾者安全意识的同时，还需结合安全培训、保险保障、应急资源供给等多层面，保障自驾安全。

关键词：自驾游数据统计、安全自驾培训、安全出行保障

一、自驾游安全隐患

自驾游，成为了越来越多车主朋友们的首选。车辆方便快捷，且行且玩，不用赶得那么急切，是自驾游的长处。而风景名胜的旅游之地，需要长途跋涉，对于自驾车来说，未雨绸缪，提前谋划旅游线路、实时关注景区天气、交通路况、车辆状况和交通安全尤其显得重要了。自驾游的自由度大的确是优势，但同时自驾游的风险也不小，如果准备工作不充分，安全出行的常识不熟悉，就容易在途中出现问题，轻则耽误时间、耽误行程，影响愉快的心情；重则导致事故，造成人身伤亡和

财物损失。但是，目前很多自驾车旅游者缺乏对旅游目的地的全面了解，出发前不检查和保养车辆，驾驶经验不足等，使得自驾出行存在不少安全隐患。

自驾安全出行小知识

1. 检查车辆，做好车辆维修保养。
2. 随车携带行驶本和驾驶本、保单等。
3. 购买短期意外险，做出行意外保障。
4. 购买家财险，避免因家庭成员外出家里出现的可能风险。
5. 查询目的地之间天气情况、交通情况。
6. 准备必要的生活用品，衣服、鞋子、水等。
7. 检查通信工具工作是否正常。
8. 带足必需的费用。
9. 注意行车安全，不要疲劳驾车。
10. 途中随时检查车辆状况。
11. 准备一定的常备药，如腹泻药、过敏药。
12. 住宿要选正规的旅店。
13. 到陌生的地方游玩最好有当地人带领，按时回返。
14. 带上应急电源。

二、大陆汽车俱乐部自驾出行安全保障

（一）搭建自驾车旅游道路安全保障体系是一个系统的建设

大陆汽车俱乐部近几年主导并参与了一些自驾游相关活动和服务产品，如 2017 年组织会员开展“感恩衡水植树节”活动以及“十一自驾红海滩”活动，同时提供给团体客户定制化的“× × 客服节金秋自驾中国——山东”自驾产品。大陆汽车俱

乐部在承办以上活动的同时，肩负着全程道路安全以及自驾人员的人身安全的保障工作。国内自驾车旅游，需要向发达国家学习，逐步构建全系列产业集群，而自驾车的道路救援、配套保险以及营地内的车辆维护服务，则是这条产业链上的重要环节。自驾游道路安全服务及保障，需要从以下多个方面来构建：

第一，专业的道路救援保障体系，主要体现在规范化、标准化、网络化、智能化；

第二，信息配套，主要是移动载体标识和RFD射频网络监控、沿途实时广播等动态服务；

第三，营地设施配套，适用于主要品牌系列的车辆检修和保养设施；

第四，当地政府介入的管理，是指政府与经营者参与场区的治安与事务协调；

第五，自驾车主的需求，沿途的困障救援、事故救援服务；

第六，保险产品服务与理赔，人员的医疗及转送等。

这些主体的行动与意愿共同构成了自驾游保障体系。

（二）教育层面

1. 提高旅游者安全方案意识与安全教育

自驾车旅游者是安全出行的主体，他们的安全意识是安全出行的最基本要素。旅游行政部门、交通部门、自驾车组织机构、旅行社、媒体对旅游者进行安全教育，使旅游者掌握必备的自驾车旅游安全知识，对自驾车旅游者进行必要的安全培训，提高自我防范意识与应急反应能力，同时加大对旅游沿线和目的地社区的法治宣传教育，确保自驾车旅游者的安全。

2. 构建安全的旅游环境

自驾游旅游目的地应成立旅游安全管理组织，将社会治安、消防、卫生、环保等环节集中起来，统一管理。

完善目的地自驾车旅游安全管理制度与安全保障体系。如在重要路口，尤其是在高速公路与其他主干公路沿线设置通往旅游景区的指示标识，包括救援电话、加油站位置、景区方向及里程、动态路况信息标识等。

3. 完善自驾车旅游安全保障体系

车辆故障救援与医疗救援是自驾车旅游安全保障的关键，旅游目的地应努力创造条件，为自驾车旅游提供可靠的安全保障，建立以公安、交通、卫生等部门为主的安全保障体系，完善自驾游保险产品，保障自驾游车主的基本权益。

4. 政府支持，规范引导

政府主管部门要加强引导、颁布规范，加强对自驾车旅游行业的指导，牵头协调建立自驾车旅游的安全保障体系，对自驾游从业机构实行资质准入、年度复审制度，对机构、线路、典型事件等数据，进行评估并公示。

通过制定自驾游活动基地规范和编写救援师资格认证教材等，规范自驾游基地和救援人员的专业资质。

5. 加强基础设施和配套设施建设

自驾车旅游，除了组织者能力和信誉外，还依赖于基础设施和配套设施的建设。

完善相关配套设施主要是做好汽车自驾游基地、住宿、停车场建设以及配备汽车检测、加油、维修等服务。

6. 公益层面救援

展开公益救援培训，包括人伤救援及道路救援；发起公益救援志愿者活动，以人人救援为理念，全国推广人人公益救援活动。

7. 培训体系

① 安全培训课程

自驾车旅游者是出行安全的主体，他们的安全意识是安全出行的最基本要素。旅游实施机构对旅游者事先进行系列安全培训，宣讲团队行驶规则、路况介绍、营地介绍等，使旅游者掌握必备的自驾车旅游安全知识，并对他们进行简要的技术培训，提高应急反应以及自救、逃生能力，是自驾车安全保障体系建设的基础。旅游行政部门、交通部门、自驾车组织机构、旅行社、媒体应对旅游者进行安全教育，使旅游者掌握必备的自驾车旅游安全知识；对自驾车旅游者进行必要的安全培训，提高自我防范意识与应急反应能力；加大对旅游沿线和目的地社区的法治宣传教育，确保自驾车旅游者的安全。

② 培训系统

大陆救援商学院，目前已实现一整套的培训体系。出行者和组织者可以通过培训系统在线学习安全培训课程，系统后台记录功能以及测试功能可以让学习者加深安全防范意识及应急处理能力。

（三）对自驾车旅游组织者和驾驶人的建议

1. 做好路书

对于自驾出行而言，所谓的“路书”，包括对车况进行检查、选择目的地、设计线路、了解目的地及沿途的路况和气候条件等。除了写好“路书”外，还有很多事如提前预订酒店；驾驶员带齐驾驶证、行驶证、身份证及保险卡、随车工具、警示标识、手电筒、地图、应急药箱等。建议新手不要租车自驾游，因为对陌生车辆不熟悉，容易出现操作事故。同时，设计的当天线路不宜过长，发团前要购买合适的保险，出现交通事故时，首选专业团队实施救援。

2. 检查车况

出发前，对车辆进行一次全面检查，尤其是对点火、机油、冷却、底盘、蓄电池、轮胎气压等系统进行检查。同时也不能忽略灯光、玻璃伤痕、备用轮胎、雨刷器、备用钥匙等环节。由于自驾游是阶段性住宿，每天发车前，还要例行检查，以免途中抛锚，影响行程，增加额外的后勤工作。

3. 要有安全意识

出发前最好进行自驾游安全培训，包括自驾游期间的纪律、特殊天气驾车技巧、驾驶途中应急处理等，使自驾游游客心中有底、坦然驾驶。同时，企业与政府主管部门应多开展经常性的公益活动，加强对驾驶人的安全意识和风险防范的教育，提高自驾旅游者文明驾驶、安全驾驶的意识，以及面对突发情况时的能力。

4. 车与人的救助同等重要

如果组织路途较远、偏离主路半径过大、以越野为主题的自驾活动，最好配备搭载专业救援人员和专业工具的随队救援车，给自驾游车队全程保驾护航。救援车还需配备医药包、担架等急救工具，救援师应具备常规急救技能。

5. 记下专业救援机构的联系方式或下载救援 App

在路上抛锚的时候，需要有专门的人与机构来帮助解决问题。比如，安排代步车辆、对抛锚车辆进行维修，如果发生交通事故还涉及保险理赔、拖车、人身紧急救援等，这些问题如果解决不好，就会影响到行程，甚至人身安全。出现困难时，能有专门的机构快速解决问题，则不影响旅游行程的兴致。如今很多的保险公司、银行、经销商都提供道路教援服务，游客可拨打自己所在保险公司、经销商的电话寻求帮助。

（四）安全出行保险保障

可通过保险产品提供保障。

①搭建平台，通过保险解决企业运营风险

大陆汽车围绕道路救援行业搭建网络平台，平台中的合作伙伴超过 4000 家，在合作运营期间保险产品需求应运而生：据 CAA 了解，各家公司、企事业单位在经营过程中都存在运营风险，可以通过相应的保险产品规避，例如：团体意外险、俱乐部责任险、境外保险、雇主责任险等；服务车辆在给自驾游客户提供救援服务时，除了解决客户车辆问题，还要规避自己操作过程中的风险以及操作人员可能发生的意外。

②通过有针对性的保险产品降低组织者风险

全国组织境内和境外自驾游活动的机构需要结合自驾游的特质选择保险产品，比如，目的地是高风险区域，有些产品是限定承保的。活动项目为高危活动，如热气球、滑雪、探险等时，在组织活动过程中除了要给参与活动的人员投保高额意外险外，由于活动组织者的原因出现的意外，也可以通过组织者责任险来规避和降低风险。

③ 定制房车专属保险产品解决产业发展需求

随着国家支持政策的日渐成熟，中国百姓自驾房车旅游也日渐盛行，其相关配套保险产品却不完善。如房车专属车险套用普通车险费率上浮 150% ~ 200% 承保或拒保影响了相关产业的推广进程；而相关配套的营地的需求随着房车自驾盛行而日益增加，可其硬件设施没有跟上，房车没地方停，相关服务保障还很欠缺，保险保障不全面。全国应在各营地建立救援待命点，以保证自驾游的安全，配合自驾游协会共同与保险公司申请定制专属产品。

④ 个性化的个人保险满足客户需求

国内车主在自驾游领域运用互联网保险，定制产品，满足不同的需求，比如通过车主用户安装 OBD 获得客户驾驶数据，给客户提供更具优势的车险产品。

⑤ 高额自驾游意外险护航自驾出行

在自驾出游出现事故，分析责任时，最主要的一个是车主承担的搭车责任，二是组织者承担的组织责任。按照目前汽车保险的实际情况，车上司乘人员意外险仅购买 1 万元的保障，真的出了意外其保障是很微小的，根本无法解决大的问题。

CAA 建议：自驾游客户出行前不妨购买一份高保障自驾游意外保险，当旅游者在自驾过程中遭遇特定事故带来意外伤害和损失时，能获得及时的救助和相应的经济补偿。

在当下移动互联时代，所有传统服务务必与互联网相结合，用国际化的标准，对接更多的跨界资源，才能为用户提供更高品质的服务。在市场飞速发展的时代，中国道路救援行业还有很长的一段路要走，只有开放链接、不断迭代、勇于创新，整个道路救援行业才会健康发展！

水电桩和中国水电桩

倪海威　听风科技（上海）有限公司董事长

1999年，冯小刚的《不见不散》上映。

从此，房车文化开始在中国开枝散叶，水电桩和房车的中国故事也就此拉开。和很多行业一样，水电桩的行业从接触学习、模仿到自我发展，从零开始在短短的不到10年的时间里，已经产生出一大批专业的厂家和品牌。在技术上不乏一些厂家青出于蓝而胜于蓝。可以欣慰地说一句："中国的水电桩已经到了可以引领国际、可以走出去的时候了。"

有人说："水电桩就是个水龙头加插座。"每每听到这句话，我总表示很赞同，因为曾经的水电桩就是这样，实现最基础的功能——供水和供电，如同当年的李书福说汽车就是沙发加4个轮子一样，而如今汽车已经开始往无人驾驶的领域发展，中国水电桩也正逐渐走向更智能化、更安全的多功能方向。很多早期玩房车进营地的朋友都有这样的经历：插电的时候被电到；天气寒冷时水被冻上；狂风暴雨时除了关注房车安全外还要看看桩这头的安全；到了营地发现已经没有营位，或者这个营地早就已经不存在了……其实围绕着水电桩和房车营地的问题不仅困扰着国外的玩家，同时也随着房车发展进入了中国。

今天中国的水电桩，已经不仅仅是个插座加水龙头的简单装置了，美观的造型、高安全性、功能模块化、智能化管理已成为中国水电桩的标准，相信很快也是全球应用的标准了。

（一）中国水电桩的安全性

① 结构

把水和电进行物理隔离，即使水管爆裂也不会影响安全。

② 材料

使用合金塑胶，以绝缘体的方式防止壳体造成触电。

③ 防护等级

普遍采用 IP65 的插座，即使狂风暴雨也一样正常运行。

④ 强度

16 级台风抵御能力。安全将永不结束地在这个产品上进化。

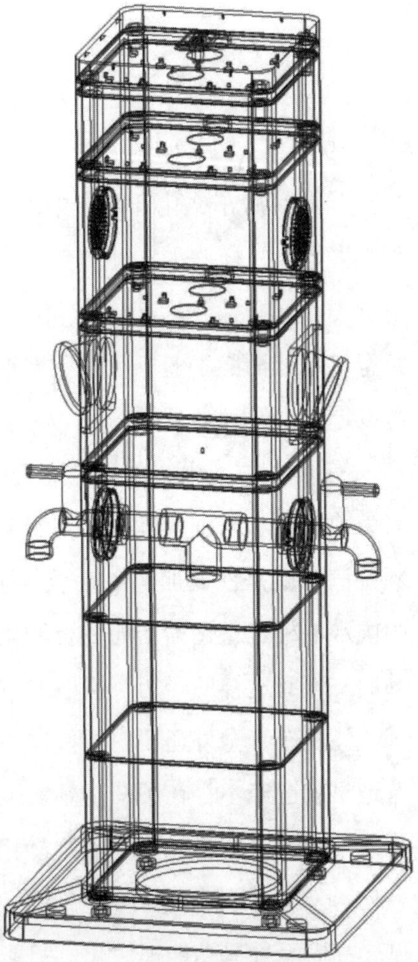

（二）中国水电桩功能模块化

① 水模块

把水模块独立，让这个最基础的功能变成标准化产品，稳定且易安装和维护，也留下了升级智能化的便利。

② 电模块

独立电模块，适应各种标准，通用 2015 版国标新能源供电，欧标、美标、日标等。

③ 营灯模块

基本上营地使用的基础配置。

④ 中国式功能

路灯、报警器、监控、户外音响、温度平衡、湿度控制、立体花架、低压充电没有止尽的功能，让产品任意组合使用。

这种模块组合方式，是中国独有的专利设计，也是未来水电桩走出去的重要基础，相信未来会融入智慧城市中，更好地服务旅行。

（三）中国水电桩智能化

① 握手心跳

智能水电桩一个很重要的要求是随时掌握水电桩的状态。

② 互通互联

通过互联网，并联营地资源信息，让用户可预订于千里之外，也可操控于眼前几步。

③ 智能扩展

无人值守的状态下，精确运营。

④ 营地智能软件

这也是中国水电桩最大的突破，根据水电桩的多种功能，将营地管理、用户管理等户外旅游需求上升到平台，让投资方、管理方、营地用户、产品制造方多方共赢。

一个小小的水电桩，承载着智能管控网络终端，也支撑着户外智能化的平台基础。

以房车为载体，以旅游为体验，以营地为生态布局，以水电桩、智能化系统为辅助，通过文化与旅游的互动形式，形成了众多独特的房车旅游品牌。

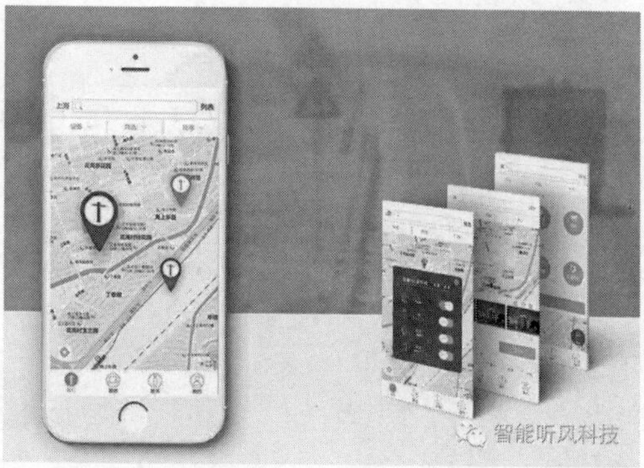

中国的房车市场是一个充满想象空间的市场，需要也欢迎更多的参与者。相信随着房车市场的进一步完善，属于中国人自己的房车文化也将逐渐成型，而在这个过程中，包容、开放、合作的心态，是每一个房车从业者的心声。

第五部分
附录

2017—2018年自驾车、房车露营旅游信息数据采集点名单

（一）旅游行业协会

1. 山东省房车露营与自驾旅游协会
2. 四川省营地与自驾游协会
3. 林芝市旅游协会
4. 河北省自驾游与房车露营协会
5. 陕西省自驾游及房车露营协会
6. 荆州市自驾车旅游协会
7. 重庆市自驾旅游协会
8. 株洲市自驾游与房车露营协会
9. 浙江省自驾车旅游协会
10. 浙江省象山县自驾车旅游协会
11. 海南省自驾游协会
12. 通辽市汽车摩托车运动协会
13. 湖南省自驾旅游协会
14. 福建省旅游协会自驾游专业委员会

15. 衢州市自驾游与房车露营协会

（二）旅游局

16. 河北省怀来县旅游局
17. 内蒙古乌兰察布市旅游局
18. 内蒙古通辽市旅游局
19. 四川省攀枝花市旅游局
20. 西藏林芝市旅游发展委
21. 青岛市旅游局
22. 青海省西宁市旅游局
23. 湖北省五峰土家族自治县旅游局
24. 黑龙江省大海林林业地区旅游局
25. 黑龙江省山河屯林业局旅游局
26. 黑龙江省五大连池风景名胜区自然保护区旅游疗养景区管理局
27. 黑龙江省方正国有重点林区旅游局
28. 黑龙江省东方红林业局旅游局
29. 黑龙江省东京城林业局旅游局
30. 黑龙江省伊春市汤旺河区旅游管理局
31. 黑龙江省兴隆林业局旅游局
32. 黑龙江省农垦红兴隆管理局旅游局
33. 黑龙江省农垦哈尔滨管理局旅游局
34. 黑龙江省同江市旅游局
35. 黑龙江省林甸县旅游局
36. 黑龙江省沾河林业局
37. 黑龙江省森工平山旅游区管理局
38. 黑龙江省桃山旅游局
39. 黑龙江省森工绥棱林业局旅游局

40. 黑龙江省森工清河林区旅游事业局
41. 黑龙江省穆棱市旅游办

（三）旅游景区

42. 内蒙古乌兰察布苏木山景区
43. 内蒙古乌兰察布岱海
44. 内蒙古乌兰察布林胡古塞景区
45. 内蒙古乌兰察布辉腾锡勒黄花沟草原旅游区
46. 内蒙古乌兰察布集宁国际皮革城
47. 内蒙古乌兰察布察尔湖
48. 内蒙古通辽大青沟国家级自然保护区
49. 内蒙古通辽山地草原旅游区
50. 内蒙古通辽开鲁县古榆园
51. 内蒙古通辽开鲁县麦新纪念馆
52. 内蒙古通辽东湖旅游区
53. 内蒙古通辽北甘旗自驾车露营地
54. 内蒙古通辽吉祥密乘大乐林寺
55. 内蒙古通辽老乡山庄旅游区
56. 内蒙古通辽孝庄园文化旅游景区
57. 内蒙古通辽孝庄园自驾游营地
58. 内蒙古通辽库伦三大寺
59. 内蒙古通辽奈曼旗青龙山自驾车露营地
60. 内蒙古通辽奈曼旗青龙山洼旅游区
61. 内蒙古通辽奈曼旗银砂九岛旅游区
62. 内蒙古通辽宝古图自驾车露营地
63. 内蒙古通辽宝古图沙漠旅游区
64. 内蒙古通辽草甘沙漠旅游区

65. 内蒙古通辽敖包相会可汗山草原旅游区
66. 内蒙古通辽珠日河草原旅游景区
67. 内蒙古通辽莫力庙自驾车露营地
68. 内蒙古通辽银沙湾自驾车露营地
69. 内蒙古通辽银沙湾旅游区
70. 内蒙古通辽鸿雁湖草原旅游区
71. 内蒙古通辽博物馆
72. 内蒙古通辽塔敏查干沙漠景区
73. 内蒙古通辽辉特淖尔草原旅游区
74. 内蒙古通辽霍林郭勒市可汗山自驾车露营地
75. 内蒙古通辽鑫奇生态农庄
76. 河北怀来黄龙山庄
77. 青岛崂山风景区
78. 青海省大通老爷山景区
79. 青海省大通娘娘山景区
80. 青海省日月山景区
81. 青海省龙羊峡生态景区
82. 青海省西宁市人民公园
83. 青海省观光塔
84. 青海省城中区西路红军纪念馆景区
85. 青海省城中区南山公园景区
86. 青海省城东区中华枸杞养生苑景区
87. 青海省城东区东关清真大寺景区
88. 青海省城北区乡趣农耕文化生态园
89. 青海省城西区力盟商业巷
90. 青海省城西区西宁野生动物园景区
91. 青海省城西区青海省博物馆
92. 青海省塔尔寺景区景区

93. 青海省湖景区

94. 青海省湟源丹葛尔古城景区

95. 青海省湟源牦牛文化博物馆暨藏宝工业旅游基地景区

96. 青海省湟源赞普林卡景区

97. 浙江省横店影视城

98. 湖北省后河天门峡景区

99. 湖北省宜昌百里荒高山景区

100. 湖北省柴埠溪大峡谷风景区

101. 湖南省龙凤国际房车露营基地

102. 湖南省张家界大峡谷景区

103. 湖南省张家界天门山景区

104. 湖南省张家界森林公园

105. 湖南省黄桑国家森林公园

106. 黑龙江省千鸟湖湿地旅游度假区

107. 黑龙江省大沾河国家森林公园

108. 黑龙江省飞泷景区

109. 黑龙江省五大连池风景区

110. 黑龙江省凤凰山国家森林公园

111. 黑龙江省东方红旅游景区

112. 黑龙江省东宁要塞景区

113. 黑龙江省北大荒农机博览园

114. 黑龙江省北大荒闫家岗国际温泉旅游度假区

115. 黑龙江省北大荒现代农业园

116. 黑龙江省北大荒酒庄

117. 黑龙江省北大荒鹤城鲜花港

118. 黑龙江省亚布力林业局虎峰岭旅游景区

119. 黑龙江省亚布力林业局锅盔山景区

120. 黑龙江省伊春汤旺河林海奇石景区

121. 黑龙江省伊春宝宇龙花温泉酒店
122. 黑龙江省兴隆鸡冠山景区
123. 黑龙江省欢乐谷景区
124. 黑龙江省红旗农场都市农业园
125. 黑龙江省牡丹江市穆棱市六峰湖景区
126. 黑龙江省罗勒密山景区
127. 黑龙江省威虎山主峰景区
128. 黑龙江省带岭风情露营地
129. 黑龙江省柴河威虎山九寨景区
130. 黑龙江省桃山森林冰雪玉温泉
131. 黑龙江省海月湾欢乐水世界
132. 黑龙江省绥棱林业局生态文化旅游景区
133. 黑龙江省悬羊峰景区
134. 黑龙江省清河林区旅游风景区
135. 黑龙江省雪乡旅游风景区
136. 黑龙江省鹿苑岛宾馆、北湖头疗养院
137. 黑龙江省富裕牧场柯尔克孜民族村
138. 黑龙江省蛤蟆通景区
139. 黑龙江省雁窝岛旅游度假区

（四）自驾车俱乐部

140. 318 自驾联盟
141. AU 车联帮俱乐部
142. 北京行天下汽车俱乐部
143. 湖北省 927 汽车俱乐部
144. 湖北省荆州爱车环球自驾车俱乐部
145. 湖南省邵阳宝庆驴友户外俱乐部

146. 湖南省沅澧风光旅游开发有限公司指南针自驾游俱乐部
147. 龙行天下俱乐部
148. 内蒙古乌兰察布市目标行动汽车俱乐部
149. 青岛爱尚乐途自驾游俱乐部
150. 青岛畅游天下自驾游俱乐部
151. 青岛车行天下自驾游俱乐部
152. 青岛房车俱乐部
153. 青岛市自驾游协会
154. 陕西省秦车汽车摩托车运动俱乐部
155. 邵阳市宝庆驴友户外自驾旅游俱乐部
156. 通辽汽摩协骑兵俱乐部
157. 张家界自驾车旅游服务有限公司
158. 重庆宏帆 99 自驾游俱乐部
159. 重庆雪狼自驾游俱乐部
160. 重庆在路上自驾俱俱乐部

（五）房车营地

161. 大兴安岭（根河）房车、自驾车露营基地
162. 大理双廊房车露营地
163. 大理白塔邑兰林阁房车环游营地
164. 大理朴田房车度假营
165. 山东省幸福海露营地
166. 山东省星河 · 潍坊白浪河露营地
167. 山东省蓝海 1 号露营公园
168. 广东省金水台温泉房车露营地
169. 广东省莲塘印象房车自驾营地
170. 广州途居海鸥岛露营地

171. 云南省玉溪明星渔洞营地
172. 云南省师宗县菌子山风景区露营地
173. 云南省罗平航空露营地
174. 云南省珠江源房车露营地
175. 云南省楚雄紫溪户外自驾游露营地
176. 五洲行・雁鸣湖房车露营地
177. 内蒙古奈曼旗宝古图自驾车露营地
178. 长兴仙山湖途居房车营地
179. 东风场区金蜗牛露营公园有限公司
180. 北京龙湾国际露营公园
181. 北京房车世界国际露营乐园
182. 四川省广元翠云廊 318 自驾游营地
183. 四川省丹巴 318 自驾游营地
184. 四川省巴塘 318 自驾游营地
185. 四川省米仓山 318 自驾游营地
186. 四川省红原 318 自驾游营地
187. 四川省松潘上磨 318 自驾游营地
188. 四川省峨眉山 318 自驾游营地
189. 四川省翁达 318 自驾游营地
190. 四川省新都桥 318 自驾游营地
191. 四川省稻城亚丁 318 自驾游营地
192. 宁波小隐上水国际房车度假基地
193. 温州楠溪江国际房车露营基地
194. 宁波杭州湾大桥南岸服务区房车营地
195. 宁夏花马湖房车（汽车）旅游度假营地
196. 甘肃省北海子沙枣林国际露营公园
197. 甘肃省花桥营地
198. 伊春好运通自驾车房车露营地

199. 安徽省太和县沙颍河汽车露营地管理有限公司
200. 成都棕榈世界房车露营地
201. 扬州红山体育公园
202. 江苏小燕窝火山地质营地
203. 西藏然乌国际自驾房车与露营营地
204. 丽江三股水景区房车自驾车乐园
205. 丽江老君山康藤 . 格拉丹露营地
206. 昆明五甲塘 Gowo 房车体验营地
207. 昆明石林长湖风景区露营地
208. 昆明玩得转房车露营地
209. 杭州千岛湖排岭半岛绿道营地
210. 杭州西溪蜗牛房车营地
211. 杭州鸬鸟房车露营公园
212. 杭州醒悟谷休闲养生基地
213. 武夷山自驾游营地
214. 河南中原 e 家野营地
215. 河南五洲行雁鸣湖露营地
216. 河南洛阳小浪底房车露营地
217. 河南新县大别山露营公园
218. 陕西小蜗牛翠华山营地
219. 陕西太白星空丘山隐房车度假营地
220. 陕西太白星空房车营地
221. 陕西平利马盘山房车营地
222. 陕西华山自驾游露营地
223. 陕西榆林塞上江南国际汽车营地
224. 南京汤山温泉房车营地
225. 洛阳白云山自驾旅游营地
226. 浙江东阳恒森养生农庄

227. 浙江奉化徐凫岩房车度假营地
228. 珠海横琴汽车营地（露营乐园）
229. 途居扬州房车露营地
230. 途居芜湖龙山房车露营地
231. 途居黄山房车露营地
232. 常州蓝企鹅 mini 营地
233. 湖北大别山富金峰汽车露营地
234. 湖南省娄底市梅山龙宫自驾车房车营地
235. 新疆 318 臻达自驾游营地
236. 新疆斑竹林 318 自驾游营地
237. 新疆雅江 318 自驾游营地

责任编辑：王欣艳
责任印制：冯冬青
封面设计：中文天地

图书在版编目（CIP）数据

中国自驾游发展报告．2017 ~ 2018 / 中国旅游车船协会编著；刘汉奇，付磊主编．— 北京：中国旅游出版社，2018.12

ISBN 978-7-5032-6161-9

Ⅰ．①中… Ⅱ．①中… ②刘… ③付… Ⅲ．①旅游业发展－研究报告－中国－2017-2018 Ⅳ．① F592.3

中国版本图书馆 CIP 数据核字（2018）第 272521 号

书　　名：中国自驾游发展报告（2017—2018）

作　　者：中国旅游车船协会　编著
刘汉奇　付磊　主编
出版发行：中国旅游出版社
（北京建国门内大街甲 9 号　邮编：100005）
http://www.cttp.net.cn　E-mail:cttp@mct.gov.cn
营销中心电话：010-85166503
排　　版：北京中文天地文化艺术有限公司
印　　刷：河北省三河市灵山芝兰印刷有限公司
版　　次：2018 年 12 月第 1 版　2018 年 12 月第 1 次印刷
开　　本：787 毫米 ×1092 毫米 1/16
印　　张：14
字　　数：270 千
定　　价：58.00 元
I S B N　978-7-5032-6161-9
